MultiWelt № 7

Inhalt

Vorwort des Herausgebers	4
Thelema und Hegel (M. Eschner)	10
Thelema in 100 Jahren (M. Eschner)	37
Was war und was wird (K. Gierdahl)	71
Die Autoren	90

Copyright: © 2015 MultiWelt Verlag, Wrestedt

Alle Rechte vorbehalten. Nachdruck, auch auszugsweise, und jede andere Art der Vervielfältigung sind nur mit vorheriger schriftlicher Genehmigung des Verlages gestattet.

Kontakt: MultiWelt Verlag, Im Ring 6, 29559 Wrestedt
www.multiwelt-verlag.de

1. Auflage August 2015

ISBN: 978-3-942736-06-0

Bildnachweise

Covermotiv: © Dusan Kostic - Fotolia; Zeichnungen im Buch: Knut Gierdahl - MultiWelt

THELEMA IN 100 JAHREN

Beiträge von Michael D. Eschner und Knut Gierdahl

Herausgeber: Knut Gierdahl

MultiWelt Verlag

Vorwort

Der italienische Romancier Italo Calvino lässt seinen Romanhelden zum Abschied sagen: „Ich weiß jetzt nicht, was uns dieses neunzehnte Jahrhundert noch bringen wird, das so schlecht angefangen hat und einen immer ärgeren Verlauf nimmt. Auf Europa lastet der Schatten der Restauration; alle Neuerer – gleichviel ob Jakobiner oder Bonapartisten – sind unterlegen; der Absolutismus und die Jesuiten beherrschen wieder das Feld; die Ideale der Jugend, die Leuchten, die Hoffnungen unseres achtzehnten Jahrhunderts, alles ist Asche."

Das sind Worte der Trauer, die am Anfang des 21. Jahrhunderts auf das tragische Vorige passen: Eine Welt zerbombt, und alles Hoffen auf Neuanfang ward Schall und Rauch. Und nun? Tradition heißt nicht, die Asche zu bewahren, sondern die Flamme neu zu entzünden! Das ist der Kern von Thelema: Eine lebenswerte sinnhafte Welt errichten.

Wo ist heute unten und oben, wo ist die Mitte? Niemand weiß es, wer was dazu sagt, überzeugt nicht. Die Hilflosigkeit zeigt sich in der Debatte über Asylanten, über „grüne" Technik, die statt Menschen die Umwelt schützt oder in ärztlicher Sterbehilfe. Da zeigt sich, wie haltlos und leer die Welt ist, die nicht auf Gott gebaut ist. Sicher interessieren heute keine theologischen Spezialdiskussionen, aber Themen wie die eben genannten um so mehr. Und die zeigen: Selbst wenn einer auf festem Boden zu stehen scheint, verliert er oder sie ihn oft in der Debatte mit anderen. So viele Möglichkeiten hatte die Menschheit noch nie wie heute – und vieles zu vermögen, heißt Freiheit. Wir sind frei von vielen Zwängen, die früher bestanden. Seltsam, dass der Zeitgeist nicht die Optionen bejubelt und die Freiheit besingt, sondern den Mangel an Eindeutigkeit bejammert, sich sorgt, man könnte die falsche Wahl getroffen haben und verzweifelt das Richtige sucht. Was aber ist das Richtige? Nur wer angeben kann, zu welchem Zweck eine Handlung dienen soll, kann richtig oder falsch unterscheiden. Das heißt letztlich: Nur wer seinem Wahren Willen folgt, kann diese Unterscheidung treffen. Denn nur der Mann oder die Frau, die den eigenen Wahren Willen lebt, setzt sich und die Welt ins harmonische Gleichgewicht.

Offensichtlich ist die eben skizzierte Situation nicht der Normalfall in der Gesellschaft. Vieles ist machbar und die Möglichkeiten ängstigen viele, deren Vorstellungsvermögen sie übersteigen. Andererseits ist diese Leere die andere Beschreibung einer funktional differenzierten Gesellschaft. Das ist eine Gesellschaft der Moderne, wer von Moderne oder Postmoderne spricht, meint stets diese nach Funktionssystemen gegliederte Gesellschaft. Die Weltgesellschaft, heute selbstverständlich und durch Globalisierung allgegenwärtig, wäre mit den Zuständen wie sie der kleine „Allick" (Aleister) Crowley am Ende des 19. Jahrhunderts kennenlernte, nicht zu haben. Sie gibt es nur mit der heterarchischen Teilung der Gesellschaft in Funktionssysteme.

Zu Crowley ist vielleicht noch anzumerken, dass ihn die Inquisitoren der Amtskirchen (die, denen Jahr für Jahr die zahlenden Mitglieder entlaufen) heute noch als Inbegriff des Bösen verkaufen. Trägt ihr Kind schwarz? O, passen Sie auf! Es wird ein Satanist und endet wie Crowley! Es schändet Jungfrauen und tötet Tiere, usw.

Kommen wir nun zu etwas völlig anderem, kommen wir zu Thelema in Deutschland. Michael D. Eschner sah sich als eine Reinkarnation Crowleys, als er 1980 den Orden A.A. Thelema gründete. Die überwiegend schlechte Presse des einen wie des anderen ist eine Gemeinsamkeit, die schnell in Auge springt. Die Gesellschaft beschäftigt sich also irgendwie mit diesen spirituellen Lehrern. Wenn ich unterstelle, dass es kollektives Lernen gibt und die Gesellschaft lernt, dann sieht die „Lernkurve" so aus: Zwei Generationen lang wird der spirituelle Pionier verteufelt und das Werk ignoriert, dann gibt es zaghafte Versuche einer ernsthaften Beschäftigung mit dem Lebenswerk. So erschienen in den letzten 15 Jahren einige interessante Bücher über Crowleys

Werk, 2015 sogar gab es eine Ausstellung seiner Gemälde. An Crowley und Thelema ist eventuell mehr dran als Sektenjäger und Zeitungsleute verwerten konnten.

Vielleicht wird in 50 Jahren Michael Eschner eine Vorbildfigur für Künstler und Revoluzzer, und in 70 Jahren könnte es die ersten akademischen Versuche geben, im Wissenschaftsbetrieb zu sichten, wer und was da war. Ein zerstreuter Professor könnte dann darüber sprechen, einen „lange in Vergessenheit geratenen Protagonisten kultureller Veränderung" in einem anderen Licht zu betrachten. – So etwas mögen Sie sich schwer vorstellen und verziehen zweifelnd die Stirn? Punkt für Sie! Wenn nämlich unser Professor sein Manuskript verlegt, kann sich das Ganze noch 200 Jahre verzögern.

Und wie froh wäre ich, wenn die Prognose sich nicht bewahrheitet und es viel früher eine inhaltliche Auseinandersetzung mit thelemischer Spiritualität gäbe! Schön, wenn die künftige Entwicklung nicht so vorhersehbar wäre in der Trägheit vorgekauter Urteile. Es sind Urteile, die man frei vom lästigen Zwang des Selbstdenkens fällen kann, denn es ist common sense. Common sense ist das, was alle sagen – man muss es einfach übernehmen und macht nichts falsch. Die Schelte am vorgedachten bequemen common sense wäre an dieser Stelle nicht wichtig, wenn es nicht das Leben der Heutigen beträfe, aber genaut das tut es: es betrifft mich und mein Leben, Sie und Ihr Leben und jeden anderen heute lebenden Menschen. Denn wir leben jetzt in dieser Zeit und für das eigene Leben gibt es keine zweite Chance. Wenn Menschen das Potential einer neuen Spiritualität nicht erkennen, dann tun sie nicht nichts, sondern sie schreien ihre Leere und innere Armut in die Welt und wissen doch leider nicht, was sie da tun. Wer mit feinen Ohren hört, der hört diese stummen Schreie und es ist manchmal wie ein Fluch. Wie könnte da jemand, der ein neues Zeitalter der Menschheit erstrebt, tatenlos zusehen?

Also sollen wir darauf bauen, dass sich irgendwann einmal andere „die Finger schmutzig machen" und das Gesetz von Thelema verkünden und die Risiken sozialer Ächtung eingehen? Nein! Das ist keine Lösung. Der Weg kann nur sein, hier und jetzt anzufangen. Wem etwas am Leben und der Menschheit liegt, der muss der Schwäche der etablierten Antworten nach dem Lebenssinn ins Auge sehen und den Nihilismus abwehren. Wer das tut, geht die ersten Schritte auf dem Weg namens Thelema. Thelema ist Frage und Antwort des Lebens. Lassen wir uns von diesem Fragen und Suchen betreffen, dann wird das eigene Leben reicher und glücklicher.

In diesem Sinne wünsche ich Ihnen, liebe Leserin und lieber Leser, eine anregende Lektüre und nachdenkliche Stunden, die Ihr Leben stimmiger und schöner machen.

Lehmke im Juli 2015
Knut Gierdahl

8

Horus. Aquarellzeichnung

Thelema und Hegel

Das Werk des Philosophen G. W. F. Hegel als Kommentar zum Liber Al vel Legis

Vorwort

Vor 2000 Jahren zog eine kleine Sekte durch die antike Welt. Sie glaubte und verkündete, dass Gottes Sohn auf Erden geboren worden und am Kreuze gestorben sei. Wenn man bedenkt, dass diese Geschichte etwa 300 bis 400 Jahre nach Sokrates, Platon und Aristoteles erzählt wurde, dann wird deutlich, wie abstrus diese Geschichte den damaligen gebildeten Schichten erscheinen musste.

Christen wurden als sehr einfältige und ungebildete Menschen betrachtet, die nicht annähernd auf der Höhe der Zeit waren. Wenn man bedenkt, dass die Christen auch noch in vielfältige Grüppchen und Sekten zerfallen waren, jede erzählte die Heilsgeschichte etwas anders, kann man sich gut vorstellen, warum diese Christen bestenfalls mit nachsichtigem Lächeln, schlimmstenfalls als Ketzer und Atheisten angesehen wurden.

Im Laufe der folgenden Jahrhunderte änderte sich das Bild der gebildeten Stände von den Christen dramatisch. Das war eine Folge der Tatsache, dass gebildete Christen den philosophischen Kampf aufnahmen und ihre Lehre in Begriffe der griechischen Philosophie übersetzen. Durch diese intellektuelle Durchdringung veränderten sich sowohl das Christentum als auch die Philosophie: Ein neues Zeitalter wurde geboren!

Erst auf dieser Basis, erst und nur weil die Christen den Anschluss an das Denken ihrer Zeit fanden, konnte das Christentum sich durchsetzen und eine Weltreligion werden. Ein moderner Spötter bezeichnete das Christentum als Platonismus fürs Volk, d. h. die Philosophie Platons in Bilder und Geschichten gefasst. Das ist sicher ungenau, enthält aber einen wahren Kern.

Heute, 2000 Jahre später, haben wir eine ähnliche Situation - was damals das Christentum war, ist heute Thelema: eine Lehre, die sich auf ein, freundlich gesagt, merkwürdiges Buch gründet, von einem noch merkwürdigeren Propheten gechannelt - und eine Lehre, die weit unterhalb des philosophischen Niveaus der Zeit vegetiert. Meine These ist, dass auch Thelema die Kraft seiner Lehre erst entfalten kann, wenn diese auf das intellektuelle Niveau modernen Denkens transformiert wird. Mein heutiger Vortrag will dazu einen bescheidenen Beitrag leisten.

Für alle, die mit Thelema nicht so vertraut sind, erst mal eine kleine Einführung.

Äonen

Die esoterische Tradition unterteilt die Entwicklungsgeschichte der Menschheit in drei Stadien von je 2000 Jahren:

- Das Isis Äon, von ca. 2000 v. Chr. bis zum Jahre 0.
- Das Osiris Äon, vom Jahre Null bis zum Jahre 2000 und
- das Horus Äon, auch Wassermann-Zeitalter genannt, vom Jahre 2000 bis zum Jahre 4000.

Die exakten Jahreszahlen sollte man aber nicht zu ernst nehmen, da eine genaue Berechnung nicht möglich ist. Diese Einteilung der Weltgeschichte in Äonen ist nicht nur eine esoterische Marotte. Der Philosoph Karl Jaspers hat in den 40er Jahren des letzten Jahrhunderts eine Untersuchung mit dem Namen „Vom Ursprung und Ziel der Geschichte" vorgelegt. Darin weist er nach, dass es zwischen 800 und 300 v. Chr. eine sogenannte Achsenzeit gab, in der das Denken der Menschen eine neue Stufe erreichte: Die Menschen wurden sich ihrer selbst bewusst. Diese Theorie wurde in den letzten Jahrzehnten von den historischen Wissenschaften immer mehr anerkannt und führte zu interessanten historischen Untersuchungen. Daraus ergibt sich, dass

Äonen in der Mitte ihrer Zeit ihr Wesen am reinsten ausprägen, während Anfang und Ende eines Äons immer schon durch das angrenzende Äon geprägt sind. Aber nun, zum Neuen Äon, dem Äon des Horus oder dem Wassermannzeitalter.

Thelema

Das Wort des Äons ist Thelema. Thelema ist ein griechischer Begriff und bedeutet Wille. Unter dem Begriff Thelema wird die Lehre des Liber AL vel Legis gefasst, eines kleinen Büchleins mit 220 Versen. Das Liber AL wurde dem englischen Magier und Mystiker Aleister Crowley im Jahre 1904 in Kairo durch eine diskarnierte Intelligenz namens Aiwass, welcher sich als Bote der Götter zu erkennen gab, diktiert. Das Liber AL besteht aus drei Teilen und versteht sich, metaphorisch ausgedrückt, als die Bibel des Neuen Äons. Liber AL vel Legis, das Buch des Gesetzes, ist das Buch, welches die Gesetze des Neuen Äons offenbart und: Liber AL vel Legis I. 39: „The word of the Law is Thelema."

Das Neue Äon

Was ist nun das Neue Äon? Ein neues Äon ist die Aufhebung vorhergehender Äonen zu einer neuen Bewusstseinsstufe der Menschheit. Eine Aufhebung vorhergehender Äonen beinhaltet notwendig die Bewusstseinsstufen der vorhergehenden Äonen, anders könnte es sie nicht aufheben. Aufheben bedeutet:

1. Negieren (z. B. Gesetze), die alten Äonen gelten nicht mehr, sie sind aufgehoben.
2. Bewahren, (z. B. etwas erhalten) die in den alten Äonen erworbenen Kenntnisse, Fertigkeiten und Fähigkeiten werden aufbewahrt, nicht etwa weggeworfen.
3. Hochheben (vom Boden aufheben), das Neue Äon bringt eine neue, höhere Bewusstseinsstufe.

Diese drei Bedeutungen von „Aufheben" sind alle zu bedenken, wenn man ein neues Äon verstehen will. Daraus erhellt dann, dass das Neue Äon, ohne den Erwerb der Kenntnisse, Fertigkeiten und Fähigkeiten der vergangenen Äonen, nicht einmal verstanden, geschweige denn gelebt oder realisiert werden kann. Um also das Neue Äon wenigstens annähernd verstehen zu können, müssen wir mindestens das Erbe des Alten Äons verstehen: 2000 Jahre Religion, Philosophie, Geschichte und Wissenschaft. Ich nehme an, dass diese Erwägung die Komplexität des Themas gebührend beleuchtet.

Ein weiteres kommt hinzu. Die Liber AL Exegese, d. h. die Interpretation des Liber AL, ist zur Zeit auf einem Stand, dessen sich selbst das Isis-Äon geschämt hätte. Gewöhnlich wird ein beliebiger Vers isoliert aus dem AL herausgenommen und ihm völlig willkürlich eine Bedeutung zugewiesen. Typisches Beispiel: die 333 verschiedenen Interpretationen des Wahren Willens. Schon die frühen Philosophen vor 2500 Jahren wussten, dass man einen einzelnen Satz eines Textes nur verstehen kann, wenn man den gesamten Text verstanden hat - und man den ganzen Text erst verstehen kann, wenn man jeden einzelnen Satz verstanden hat. Man nennt das heute den hermeneutischen (griech. hermeneutike, Auslegungskunst) Zirkel, den Zirkel des Verstehens. Das übliche Verfahren, um diesen Zirkel zu lösen, besteht darin, dass man immer wieder vom Einzelnen zum Ganzen und zurückgeht - bis alles zusammen passt. Es sollte jedenfalls einsichtig sein, dass jeder Vers des AL nur aus dem Ganzen heraus, niemals isoliert verstanden werden kann. Wörter haben keine eindeutige Bedeutung, die Bedeutung variiert immer mit dem Kontext (Zusammenhang) und deshalb kann jeder Satz nur im Kontext seiner Äußerung verstanden werden. Diese Schwierigkeit kommt zu der ersten hinzu und erhöht die Komplexität des Themas um ein vielfaches.

Hegel, der Sucher des Neuen Tages. Aquarellzeichnung

Das Erbe des Alten Äons

Im folgenden Teil werde ich bis hart an die Grenze der Falschheit vereinfachen und verkürzen müssen – üben Sie bitte Nachsicht! Das Liber AL ist ein weltanschauliches Werk. Man mag es religiös oder philosophisch nennen, ein Werk der Wissenschaft ist es sicherlich nicht. Nun ist, geschichtlich und wissenschaftlich betrachtet, die Philosophie Aufhebung und Erbe der Religion. Deshalb liegt es nahe, erst einmal das philosophische Erbe des Alten Äons zu prüfen – und ich werde mich hier auf den letzten großen Philosophen beschränken müssen.

Der letzte große Philosoph des Alten Äons war der deutsche Philosoph Friedrich Hegel (1770-1831). Ralf Ludwig schreibt in seiner Hegeleinführung: „ ‚Nach Hegel wird es keine Philosophie mehr geben' ist ein häufig kolportierter Satz des letzten Jahrhunderts. Richtig daran ist, dass nach den Weltentwürfen eines Aristoteles, Thomas von Aquin oder Kant Hegels philosophisches System der letzte geschlossene Philosophieentwurf war, der unserer Welt präsentiert wurde und der als weitgehend geglückt angesehen wurde. Nach Hegel hat kein Denker mehr ein derart geschlossenes System geliefert, das einen nennenswerten Einfluss auf den Gang der Welt gehabt hätte. Insofern ist Hegel wirklich der ‚letzte Philosoph'."

Ich werde im Folgenden Hegels Werke als Kommentar zum Liber AL vel Legis lesen und versuchen, an einigen Beispielen aufzuzeigen, dass diese Betrachtungsweise weit gehaltvoller ist als alles, was uns gewöhnlich an AL-Interpretationen angeboten wird.

Hegels gesamte Philosophie kann, richtig verstanden, als Kommentar zum AL gelesen werden. „Richtig verstanden", das ist wichtig! Hegels Philosophie ist im Ganzen altäonisch. Es gibt dort viele Stellen, die heute nicht mehr haltbar sind, und es gibt einige wesentliche Strukturen, die dem Alten Äon entsprechen, nicht dem Neuen Äon. Als Beispiel mag hier Hegels Bevorzugung der Erkenntnis über den Willen genannt werden. Das ist, wie uns das AL belehrt, eine altäonische Präferenz (Bevorzugung) – aber es ist wirklich nicht schwer, Hegel diesbezüglich ein wenig gegen den Strich zu lesen, denn die Präferenz für die Erkenntnis passt eigentlich gar nicht in sein System.

Die triadische Struktur im AL und bei Hegel

Wenn man Hegels Werk betrachtet, fällt als Erstes eine merkwürdige Analogie mit dem Liber AL auf: Hegel war ein triadischer Denker (von Trias, Drei) - und das Liber AL ist triadisch gegliedert. Das besagt noch nicht so sehr viel, denn auch die christliche Dreifaltigkeit ist eine Triade. Aber in Hegels System schließen Folgetriaden (einfach als Dreiecke vorstellen) immer an der Spitze der vorhergehenden Triade an - und auch diese Struktur findet sich im AL: Nuit, Hadit, Ra-Hoor-Khuit, welch Letzterer die Spitze des ersten Dreiecks ist und der mit Hoor-Paar-Kraat und Heru-Ra-Ha die nächste Triade bildet. Dabei fällt auch auf, dass die Götter der zweiten Triade alle triadische Namen haben.

Darüber hinaus sind folgende Verse wichtig: Liber AL vel Legis I. 35: „This that thou writest is the threefold book of Law." „Who calls us Thelemites will do no wrong, if he look but close into the word. For there are therein Three Grades, the Hermit, and the Lover, and the man of Earth. Do what thou wilt shall be the whole of the Law." (Liber AL vel Legis I.40)

Liber AL vel Legis I. 50: „There is a word to say about the Hierophantic task. Behold! there are three ordeals in one, and it may be given in three ways. The gross must pass through fire; let the fine be tried in intellect, and the lofty chosen ones in the highest; Thus ye have star & star, system & system; let not one know well the other!" Man wird wohl sagen dürfen, dass die Dreiheit die essenzielle Gliederung des AL ist. Für Hegels Werk gilt das gleiche: Es gibt keinen bedeutenden Philosophen der Neuzeit der, wie Hegel, sein Werk vollständig triadisch gegliedert hätte:

Hegels Gesamtwerk gliedert sich in die Wissenschaft der Logik, die Wissenschaft der Natur und die Wissenschaft vom Geist. Die Wissenschaft der Logik gliedert sich in die Lehre vom Sein, die Lehre vom Wesen und die Lehre vom Begriff. Die Lehre vom Sein gliedert sich in Qualität, Quantität und Maß. Die Qualität

gliedert sich in Sein, Dasein und Fürsichsein. Das Sein gliedert sich in Sein, Nichts und Werden usw.

Aber, es geht weder bei Hegel noch im AL um einen mechanisch klappernden Marschtritt in Triaden - etwa weil Triaden so hübsch oder zweckmäßig seien. Hegel schreibt: „Wer verlangt, dass nichts existiere, was in sich einen Widerspruch, als Identität Entgegengesetzter, trägt, der fordert zugleich, dass nichts Lebendiges existiere. Denn die Kraft des Lebens und mehr noch die Macht des Geistes besteht eben darin, den Widerspruch in sich zu setzen, zu ertragen und zu überwinden. Dieses Setzen und Auflösen des Widerspruchs von ideeller Einheit und realem Außereinander der Glieder macht den steten Prozess des Lebens aus, und das Leben ist nur als Prozess." Aus dieser Erkenntnis beginnt das Denken in Triaden: das dialektische Denken. Die Form dieses Denkens ist:

- Unmittelbare Einheit, die einfach gesetzte Thesis.
- Entgegensetzung, die Negation der Thesis, die Antithesis.
- Wiedereinheit durch Aufhebung des Gegensatzes, Vermittlung, Negation der Negation oder Synthesis.

Das philosophische Paradebeispiel dafür ist der Übergang vom Sein zum Nicht-Sein (Negation) zum Werden (doppelte Negation). Im Gegensatz zur älteren Dialektik bis Hegel, in der die Synthesis nur harmonistisch als Einheit der Widersprüche gedacht wurde, ist diese bei Hegel „Einheit der Einheit und der Widersprüche". Dadurch wird, da Einheit der Einheit und der Widersprüche selbst widerspruchsvoll ist, der Prozess gleich zur nächsten Stufe getrieben, endet nie statisch.

- Wer bei der Thesis stehen bleibt, denkt abstrakt und dogmatisch. Er bleibt bei der festen Bestimmtheit und der eindeutigen Abgrenzung gegen anderes stehen.
- Wer bei der Antithesis stehen bleibt, endet im Skeptizismus, bei der bloßen Negation, dem bloßen Negativen - immerhin aber ein Fortschritt.
- Erst die Synthesis erlaubt und erzwingt fließendes und prozesshaftes Denken, ist die Darstellung der der Sache durch ihre Negativität immanenten Bewegung.

Hegel spricht von dem „bacchantischen Taumel, an dem kein Glied nicht trunken ist". Wahrheit ist für Hegel deshalb keine ausgeprägte Münze „die fertig gegeben und so eingestrichen werden kann", sondern die Wahrheit ist ihre dialektische Entwicklung selbst, der Prozess der Wahrheit. „Diese dialektische Bewegung, welche das Bewusstsein an ihm selbst, sowohl an seinem Wissen als an seinem Gegenstande ausübt, insofern ihm der neue Gegenstand daraus entspringt, ist eigentlich dasjenige, was Erfahrung genannt wird." Diese triadische dialektische Struktur ist auch die Struktur des Liber AL und damit ein Konstituens des Neuen Äons.

Das Ende eines Äons

Eine Merkwürdigkeit in Hegels Werk ist, dass in seiner Philosophie die Weltgeschichte mit seiner Philosophie und dem damaligen geschichtlichen Sein - einfach aufhört. Ich möchte hier eine Stelle aus Hegels Werk zitieren, die sich auf seine Philosophie bezieht. Diese Stelle ist wunderschön und gleichzeitig herrlich tragisch - sie verkündet das Ende einer Gestalt des Lebens, des Alten Äons: „Wenn die Philosophie ihr grau in grau malt, dann ist eine Gestalt des Lebens alt geworden, und mit grau in grau lässt sie sich nicht verjüngen, sondern nur erkennen; die Eule der Minerva beginnt erst mit der einbrechenden Dämmerung ihren Flug."

Der Philosoph Ernst Bloch weist darauf hin, dass diese Selbsteinschätzung gar nicht zu Hegels Philosophie passt: „Das Gleichnis ist prachtvoll, eines der ganz großen der Literatur, eines, das Shakespeares würdig wäre: Dennoch steckt dahinter Hegel, der Antiquar, mit der Betrachtung nach ihrer am meisten defätistischen Seite. Die postume Minerva reimt sich nicht mit der tätig-frischen, die die Ägis, ihren Schild, ergreift, mit der wachen Taggöttin ... Wäre die Philosophie wirklich auf die Dämmerung angewiesen, dann wäre die Hegelsche zu ihrer Zeit überhaupt nicht möglich gewesen, sondern sozusagen erst nach 1850. Auch hat Hegel an anderen Philosophien, so der Sophistik, so der Französischen Revolution, die Tageszeit des Gedankens ganz anders eingeschätzt; damals galt ihm nicht Abenddämmerung, sondern scharfer Morgen."

Um zu zeigen, dass Hegel die Dynamik der Geschichte durchaus bekannt war, möchte ich nochmals Hegel selbst zu Wort

Abb. links: Die Eule der Minerva. Aquarellzeichnung.

Die Eule der Minerva beginnt ihren Flug in der einbrechenden Dunkelheit am Ende einer Epoche. Ihre Weisheit ist für einige zu viel - denen erscheint sie als Chimäre.

kommen lassen: „Das Ziel, das absolute Wissen, oder der sich als Geist wissende Geist hat zu seinem Wege die Erinnerung der Geister, wie sie an ihnen selbst sind und die Organisation ihres Reichs vollbringen. Ihre Aufbewahrung nach der Seite ihres freien, in der Form der Zufälligkeit erscheinenden Daseins ist die Geschichte, nach der Seite ihrer begriffenen Organisation aber die Wissenschaft des erscheinenden Wissens; beide zusammen, die begriffene Geschichte, bilden die Erinnerung und die Schädelstätte des absoluten Geistes, die Wirklichkeit, Wahrheit und Gewissheit seines Throns, ohne den er das leblose Einsame wäre, nur -

aus dem Kelche dieses Geisterreiches
schäumt ihm seine Unendlichkeit."

Bleibt die Frage: Warum sah Hegel seine eigene Philosophie als Abenddämmerung? Aus heutiger Sicht können wir sagen: Hegel hatte die Zeichen seiner Zeit richtig erkannt. Eine Gestalt des Lebens war alt geworden - und das gekrönte und erobernde Kind, Horus, die Morgendämmerung des Neuen Äons, lag jenseits seiner Zeit. Hegel hat das gewusst oder zumindest geahnt!

Wenn Hegel wirklich der letzte Philosoph des Alten Äons war und dies auch erkannt hatte, dann kann man erwarten, dass er aus dieser Erkenntnis heraus in der Lage gewesen sein muss, über das Alte Äon zumindest partiell schon hinauszudenken. Das entspricht auch Hegels Selbstverständnis: „Wenn also der Geist seine Bildung, von sich nur auszugehen scheinend, wieder von vorn anfängt, so ist es zugleich auf einer höheren Stufe, dass er anfängt. Das Geisterreich, das auf diese Weise sich in dem Dasein gebildet, macht eine Aufeinanderfolge aus, worin einer den anderen ablöste, und jeder das Reich der Welt von dem vorhergehenden übernahm." Ernst Bloch bemerkt dazu: „Denn indem eine Philosophie, wie Hegel sagt, ihre Zeit ist, in Gedanken gefasst, erfasst sie nach Maßgabe dieser Zeit auch die vorhergehenden, die in ihr „aufgehoben" sind, wie die nächstfolgende, mit der sie schwanger geht." Das beschreibt sehr präzise, warum Thelemiten Hegels Philosophie als AL-Kommentar lesen sollten.

Hegel & die Minerva. Aquarellzeichnung.

Religion

Betrachten wir als nächstes einige Aussagen von Hegel zur Religion. Sie unterstreichen, wie weitgehend Hegels Denken zum Buch des Gesetzes von Thelema passt: „Gründet sich die Religion im Menschen nur auf ein Gefühl, so hat solches richtig keine weitere Bestimmung, als das Gefühl seiner Abhängigkeit zu sein, und so wäre der Hund der beste Christ, denn er trägt dieses am stärksten in sich und lebt vornehmlich in diesem Gefühl. Auch Erlösungsgefühle hat der Hund, wenn seinem Hunger durch einen Knochen Befriedigung wird. Der Geist hat aber in der Religion vielmehr seine Befreiung und das Gefühl seiner göttlichen Freiheit; nur der freie Geist hat Religion und kann sie haben."

„Dass der Mensch von Gott weiß, ist nach der wesentlichen Gemeinschaft ein gemeinschaftliches Wissen, insofern Gott im Menschen von sich selber weiß." Das betont die Wechselbeziehung von Gott/ Göttern und Menschen. Und Hegel wird noch deutlicher. „In dieser ganzen Geschichte ist dem Menschen zum Bewusstsein gekommen, dass der Mensch unmittelbarer, präsenter Gott ist, und zwar so, dass in dieser Geschichte, wie sie der Geist auffasst, selbst die Darstellung des Prozesses ist dessen, was der Mensch, der Geist ist." Homo est Deus - Hegel wusste das offensichtlich!

Warum und Weil

Im dialektischen Denken gibt es kein „Warum" und kein „Weil". Das Thema wird in Liber AL vel Legis II. 27 direkt angegangen: „There is great danger in me; for who doth not understand these runes shall make a great miss. He shall fall down into the pit called Because, and there he shall perish with the dogs of Reason."

... Denn der Prozess treibt sich selbst aus sich selbst hervor. Wer bei einer der ersten beiden Stufen (Thesis, Antithesis) stehen bleibt, muss natürlich mit Warum-Weil-Konstruktionen begründen, weil er eben nicht in und mit dem Prozess denkt, sondern versucht den Fluss aufzuhalten. Aber, auch hier sollte man genau hinschauen. Dem dialektischen Denken selbst sind Warum-Weil-Konstruktionen inadäquat, das bedeutet jedoch nicht, dass diese Konstruktionen auch der Sache, über die reflektiert wird, inadäquat sind. Hadit versucht uns hier nicht weiszumachen, dass Naturgesetze Unsinn seien, sondern er macht uns auf die angemessene Reflexion, auf den Prozess des Denkens, aufmerksam. Im AL werden ja durchaus Warum-Fragen gestellt und mit

Weil-Antworten beantwortet (vgl. z. B. sehr deutlich in Liber AL vel Legis II. 13), was zeigt, dass das nicht immer falsch ist.

Liber AL vel Legis II. 32: „Also reason is a lie; for there is a factor infinite & unknown; & all their words are skew-wise." Auch zu dieser Stelle findet man bei Hegel zwei Erklärungen. Das Thema ist ein wenig kompliziert, aber ich werde versuchen es so einfach wie möglich zu machen und dabei an die Darstellung des Hegelianers Gotthard Günther anknüpfen. Das Denken findet auf verschiedenen Entwicklungsstufen, Stufen der Reflexion oder des Bewusstseins, statt:

1. Irreflexives Denken: Unbewusstes, nicht nachdenkendes Wahrnehmen der Objekte (z. B. ein Stein) in der Umwelt. Ein Wahrheitsbewusstsein gibt es auf dieser Denkstufe nicht, die Dinge sind, wie sie sind, die Ereignisse sind Schicksal.

2. Einfach reflexives Denken: Denken über Objekte. Subjekt (also z. B. Du) denkt (reflektiert) über das Wesen oder die Wahrheit der Objekte oder seiner Wahrnehmung – und streitet sich vielleicht über wahrgenommene Wahrheiten.

3. Doppelt reflexives Denken: Das Subjekt denkt über sein Denken nach, z. B. es fragt sich ob das, was es für wahr hält, wirklich wahr ist. Damit fragt es sich, was Wahrheit ist, ein Konzept, welches auf der vorherigen Stufe klar war, denn man hatte nur über wahr oder falsch zu entscheiden, die Wahrheit an sich war kein Thema. Das Problem dieser Stufe ist, dass dieses Hinterfragen der Konzepte ein iterierender Prozess ist, d. h., er findet kein Ende (unendlich), weil man immer wieder auf die nächste Stufe gehen und fragen kann/ muss, ob die Wahrheitstheorie richtig ist bzw. wie sie zu begründen wäre – aber jede Begründung muss wieder begründet werden, weshalb die letzte Wahrheit unbekannt bleibt. Man kann also nicht mehr sagen, X ist wahr, sondern nur noch: Ich denke, X ist wahr. Wahrheit wird somit subjektiv und relativ – was Denker der vorhergehenden Stufe überhaupt nicht

begreifen können. Ihnen erscheinen doppelt reflexive Denker als spitzfindige Vernebler der offensichtlichen Wahrheit.

4. Total reflexives Denken: Hier begreift man die schlechte Unendlichkeit der vorherigen Stufe als Ganzheit und insofern als Objekt und entkommt somit der unendlichen Iteration der Metabegründungen. Jetzt kann man wieder sagen, X ist wahr, denn (Letzt-)Begründungen sind wieder möglich. Diese Wahrheit bzw. Begründung ist aber den Denkern der vorhergehenden Stufe unbegreiflich – sie halten den Wahrheitsanspruch dieser Stufe für einen miesen Diskussions- oder Herrschaftstrick.

Die dritte Stufe, das doppelt reflexive Denken, entspricht exakt der Beschreibung von Liber AL vel Legis II. 32: dem Faktor, der „unendlich und unbekannt" ist. Diesen Faktor müssen wir nun ein wenig mit Leben erfüllen, wozu ich auf die positiven Gesetze des AL, Willen und Liebe, zurückgreife.

Wille

Das Wort des Gesetzes ist Thelema, also Wille. Liebe ist das Gesetz, aber Liebe unter Willen. Was ist also der Wille? Beginnen wir wieder mit Hegel. Der Wille, dessen Inhalt von ihm verschieden ist, ist nur an sich (nicht für sich) frei, denn ihm ist der Inhalt durch die Triebe vorgegeben. Eine höhere Stufe stellt die auswählende Willkür dar, „die Mitte der Reflexion zwischen dem Willen als bloß durch die natürlichen Triebe bestimmt und dem an und für sich freien Willen" (Hegel). Aber auch die auswählende Willkür ist heteronom (fremdbestimmt), denn der Stoff, aus dem die Willkür auswählt, ist vorgefunden – deshalb ist diese Freiheit eine Täuschung. Die nächste Stufe der Freiheit ist die Allgemeinheit des Willens, d. h. das Handeln, dessen letztes Motiv es ist, anderen zu zeigen, dass man durch nichts bedingt, unberechenbar frei sei. Doch diese negative Freiheit, eine Freiheit von allem aber zu nichts, ist der härteste Widerspruch, denn man ist bedingt durch den Wunsch, anderen zu zeigen, dass man nicht bedingt ist. Erst „der freie Wille, der den freien Willen will" ist wahrhaft autonom. In ihm ist nämlich der Inhalt durch die Reflexion gesetzt. Dieser Wille bezieht sich auf nichts Fremdes mehr, er ist zugleich subjektiv und objektiv. Der Wille kann nur dann frei sein, wenn er sich selbst zum Inhalt hat!

Thelemiten reden immer vom Wahren Willen, aber im AL ist nirgends vom Wahren Willen die Rede, nur vom reinen Willen. „Denn reiner Wille, unbefleckt von Zweck ..." (Liber AL vel Legis I. 44), ist der Wille, der sich selber als freien Willen will. Nur dieser Wille ist rein und frei. Jeder andere Wille ist bedingt und unfrei. Nun ist klar, dass es diesen Willen erst mit Reflexionsstufe 3 geben kann. Auf Reflexionsstufe 2 ist, weil es keinen Grund in den unendlichen Iterationen gibt, nur auswählende Willkür oder die Allgemeinheit des Willens möglich. Erst auf R3 ist Selbstbewusstsein, das sich reflexiv selbst erfassen kann und somit fester Grund des Selbst wird, möglich.

Der reine Wille will sich als freien Willen und dieser freie Wille kann er nur sein, wenn er aller Beschränkungen und aller Bedingtheiten ledig, d. h. vollkommen selbstbestimmt ist. Damit dieser reine Wille aber nicht vollkommen leerläuft, gibt es zwar kein Gesetz über „Tu was Du willst", aber der Wille enthält selbst das Gesetz der Liebe.

Liebe

„Liebe ist das Gesetz", sagt das AL, „Liebe unter Willen". Was bedeutet nun Liebe? Nach Hegel besteht das Wesen der Liebe „darin, das Bewusstsein seiner selbst aufzugeben, sich in einem anderen Selbst zu vergessen, doch in diesem Vergehen und Vergessen sich erst selber zu haben und zu besitzen."

„Das erste Moment in der Liebe ist, dass ich keine selbstständige Person für mich sein will, und dass, wenn ich dies wäre, ich mich mangelhaft und unvollständig fühle. Das zweite Moment ist, dass ich mich in einer anderen Person gewinne, dass ich in ihr gelte, was sie wiederum in mir erreicht. Die Liebe ist daher der ungeheuerste Widerspruch, den der Verstand nicht lösen kann, indem es nichts Härteres gibt als diese Punktualität des Selbstbewusstseins, die negiert wird, und die ich doch als affirmativ haben soll. Die Liebe ist die Hervorbringung und die Auflösung dieses Widerspruchs zugleich ..." (Hegel)

Hegel weist darauf hin, dass Ich einerseits etwas Ausschließendes, Einzigartiges ist, aber alle anderen Menschen auch Ich sind. Das Ich kann nur in einem anderen Ich wirklich bei sich selbst sein. Erst ein anderes Ich ist ein Inhalt in dem sich Ich selbst wiederfinden kann. „Hier ist man nicht einseitig in sich, sondern man beschränkt sich gern in Beziehung auf ein Anderes, weiß sich aber in dieser Beschränkung als sich selbst" (Hegel).

Was heißt das? Der Soziologe Niklas Luhmann beschreibt Liebe als: Ich orientiere mein Handeln am Erleben des Anderen, sowie er sein Handeln an meinem Erleben orientiert. Das ist der hegelschen Definition sehr nahe, aber Luhmanns Interpretation ist zu passiv. Es geht nicht darum, dass ich mein Handeln abstrakt an Wünschen des Anderen ausrichte, seinen Wünschen entspreche, sondern darum, dass ich das Erleben des Anderen als Feedback und Basis meiner Kommunikation mit dem anderen nutze: Die Bedeutung deiner Mitteilung zeigt sich in der Reaktion des Anderen. Wenn man das ernst nimmt, dann muss man

- den Anderen um das eigene Erleben, die eigenen Erfahrungen und das eigene Können bereichern, damit er die eigenen Äußerungen und Handlungen verstehen kann und
- sich selbst um das Erleben, die Erfahrungen und das Können des Anderen bereichern, damit man sich so ausdrücken und handeln kann, dass der andere versteht.

Das läuft aber letztlich auf die Neuschaffung seiner selbst und des Anderen hinaus. Das Ziel dieser gegenseitigen Neuerschaffung ist nicht verständigungsorientiertes, auf Konsens zielende, Kommunikation, sondern mehr: verstehensorientierte Kommunikation, die Dissens auch stehen lassen und mit ihm verstehend leben kann. Es geht hier nicht um eine Kommunikation, die den Anderen überzeugen will, sondern um eine Kommunikation, deren primäres Ziel intimes gegenseitiges Verstehen ist. Das ist nicht nur die von Hegel genannte Beschränkung in Beziehung auf den Anderen, sondern Erweiterung durch Beschränkung, d. h. um es mit Hegel auszudrücken, nicht nur die Einheit des Verschiedenen, sondern die Einheit von Einheit und Unterschied.

An einem trivialen Beispiel: Ich benutze den Begriff „Hegel", den der Andere nicht kennt. Wenn er verstehen soll, was ich über Hegel sage, wenn er das so verstehen soll, wie ich es verstehe und meine, dann muss er nicht nur die Bedeutung des Namens Hegel, sondern auch seine Philosophie kennen. Ich muss den Anderen also zu einem Hegelkenner machen. Mit diesem neuen Wissen und diesen neuen Denkfertigkeiten verändert sich das Weltbild und das Denken des Anderen. Er ist also nach meinem Denken umerschaffen worden. Auf der anderen Seite musste ich aber seinen Verstehenshintergrund erforschen, um Hegel verständlich machen zu können, dadurch habe ich mich selbst auch verändert. Das Ergebnis ist dann nicht, dass der Andere und Ich gleich denken, denn mein Denken ist aus dem Kontext meiner Erfahrungen in den Kontext seiner Erfahrungen übergegangen. Wir haben dadurch mehr Gemeinsamkeiten gewonnen, ohne aber an Verschiedenheit und Individualität zu verlieren, ganz im Gegenteil haben wir beide in beiden Bereichen gewonnen.

Das Beispiel ist trivial und trifft eher Achtung und Anerkennung als Bedingung der Möglichkeit von Liebe, nicht Liebe selbst, aber es zeigt schon, dass es hier nicht um eine allgemeine Interaktionsregel gehen kann, denn dazu ist diese Art der Interaktion viel zu aufwendig. Luhmann siedelt solche Liebeskommunikation in der Familie an, wo wohl, vielleicht neben der Freundschaft, auch der einzige Ort ist, sie zu leisten.

Wahre Einheit Verschiedener setzt Anerkennung der Verschiedenheit voraus. Aber anerkannt werden muss der/die Geliebte – nicht die eigene Liebe.

Anerkennung

Das wirft die Frage auf, welche intersubjektiven Beziehungen der Liebe vorausgehen und alltagstauglich sind. Wir hatten beim Thema Liebe festgestellt, dass Ich nur in einem anderen Ich wirklich bei sich selbst sein kann. Erst ein anderes Ich ist ein Inhalt in dem sich Ich selbst wiederfinden kann: Menschen werden nur durch Menschen zu Menschen. Diese Erkenntnis beschreibt die Grundbeziehung, die Menschliches erst ausmacht. Menschsein bedeutet, dass das Ich das Du nicht als Grenze, sondern als die Bedingung der Möglichkeit des eigenen Menschseins erfährt. Zur Bezeichnung dieser Grundbeziehung greife ich auf den oben schon kurz erwähnten Begriff der Anerkennung zurück:

Anerkennung = jede symmetrische und transitive Beziehung zwischen Menschen.

Hass kann symmetrisch oder asymmetrisch sein, ist aber keinesfalls transitiv, während Herrschaftsbeziehungen immer asymmetrisch sind. Aus der Symmetrie und der Transitivität der Anerkennung folgt eine vermittelte Reflexivität:

- Transitivität: wenn $R(a, b)$ und $R(b, c)$ dann $R(a, c)$
- Symmetrie: $R(a, b)$ und $R(b, a)$

Daraus folgt, dass man a für c einsetzen kann, woraus sich $R(a, a)$, d. h. die Reflexivität der Relation R ergibt. Tatsächlich dürfte auch empirisch unschwer nachweisbar sein, dass alles

Selbstbewusstsein vermittelt reflexiv, d. h. durch wechselseitige Anerkennung bedingt ist. Dennoch ist es wichtig, die formale Struktur aufzuzeigen, denn nur dadurch wird erkennbar, dass die Reflexivität von a und b durch ihre Relation (transitiv und symmetrisch) bedingt ist: Sie beziehen sich auf sich, weil sie sich auf sich beziehen!

Vittorio Hösle (deutscher Philosoph der Gegenwart) schreibt dazu: „Menschen sind nicht in gleicher Weise einander andere als Steine; Andersheit ist hier nicht mehr nur ansichseiende, sondern gewusste, wahrhaft konstituierende Relationalität. Etwas und Anderes weisen nur an sich aufeinander; Ich und Andere konstituieren sich selbst durch den Bezug zum jeweils Anderen. – Vielleicht ließe sich sagen, dass in objektivitätslogischen Kategorien das Absolute an sich, in subjektivitätslogischen für sich, in intersubjektivitätslogischen an und für sich ist, d. h. aber, dass seine Momente auf der höchsten Stufe füreinander sind."

Wenn es richtig ist, dass Menschen, verstanden als reflektierende, nicht nur intelligente, Lebewesen, nur durch Menschen zu Menschen werden, dann ist Anerkennung eine Bedingung des Menschwerdens und Menschseins! Es gibt kein Ich, es sei denn in und durch ein Du. Ohne Du kein Ich. Ein isoliertes Ich ist unmöglich, was empirisch durch die sogenannten Wolfsmenschen, d. h. Menschen die bei Tieren aufgewachsen sind, gezeigt ist. Anerkennung enthält sowohl Miteinander als auch Gegeneinander. Auf allen Stufen des Anerkennungsprozesses sind die Bewegungen des Sich-Findens im Anderen und des Sich-Distanzierens vom Anderen notwendig miteinander verknüpft. Das Böse ist aus dieser Sicht die negative Form der Anerkennung, die nur in der Selbstzerstörung als Mensch enden kann. E.G. Geijer (1783-1847), schwedischer Historiker, Philosoph, Dichter und Komponist, schreibt:

Das Böse ist „die Verneinung der Gegenseitigkeit, welche die Lebensluft aller Intelligenzen ist, weil ohne Du in der Tat auch kein Ich existieren kann, weswegen auch das Böse, oder vielmehr der Böse ein Ich ist, das kein Du anerkennt, und darum auch sich selbst nur als selbstzerstörend erfahren kann. Diese selbst vernichtende Tendenz ist auch das einzige Nichts, wozu sich der Geist bringen kann, ein Nichts, das nicht eine bloße Privation der Existenz ist, sondern eine in negativer Richtung gesetzte, gegen sich selbst feindliche Tätigkeit, die sich doch nicht vernichten kann." Das Wesen des Bösen besteht in der Verselbstständigung des Ich und der Negation des Du! Hegel schreibt: „In Athen ... war ein Gesetz, dass, wer sich weigere, an seinem Lichte einen anderen das seinige anzünden zu lassen, mit dem Tode bestraft werden sollte. Schon im physischen Lichte ist von dieser Art der Mitteilung, dass es sich verbreitet und anderem hingibt, ohne an ihm selbst vermindert zu sein und etwas zu verlieren; noch mehr ist die Natur des Geistes, selbst ganz in dem Besitz des Seinigen zu bleiben, indem er in dessen Besitz andere setzt."

Anerkennung ist also kein Nullsummenspiel, wo der Eine nur gewinnen kann, was der Andere verliert. Anerkennung ist, wie alle symmetrischen und transitiven Beziehungen, ein Beziehungstyp bei dem alle Beteiligten gewinnen. Man kann sich das leicht am Beispiel des Wissens verdeutlichen. Wenn Ich Du mein Wissen mitteile, dann verliere ich mein Wissen nicht, sondern es hat sich verdoppelt. Dadurch, dass Ich Du mein Wissen mitteile, muss ich es präzisieren und verdeutlichen, also besser verstehen. Dadurch, dass Du, durch sein Hinterfragen und seine Verstehensbemühungen, mein Wissen in neue Lebenserfahrungen und Kontexte stellt, wird mein Wissen vertieft und erweitert.

Wenn Anerkennung Konstituens des Menschseins ist, dann endet das Menschwerden nicht mit Beendigung der Schule, der Lehre, des Studiums oder dem Ausziehen aus dem Elternhaus, sondern mit diesem Zeitpunkt beginnt es erst, denn erst ab der Beendigung der Erziehung und der basalen Sozialisierung sind symmetrische Beziehungen möglich. Hegel beleuchtet das Thema noch aus einer anderen Perspektive: „Indem jener sich auf das Gefühl, sein inwendiges Orakel, beruft, ist er gegen den, der nicht übereinstimmt, fertig; er muss erklären, dass er dem weiter nichts zu sagen habe, der nicht dasselbe in sich finde und fühle; – mit anderen Worten, er tritt die Wurzel der Humanität mit Füßen. Denn die Natur dieser ist, auf die Übereinkunft mit anderen zu dringen und ihre Existenz ist nur in der zustande gebrachten Gemeinsamkeit der Bewusstseine. Das Widermenschliche, das Tierische besteht darin, im Gefühl stehen zu bleiben und nur durch dieses sich mitteilen zu können."

„Liebe ist das Gesetz, Liebe unter Willen." Das bedeutet also, dass der Wille sich selbst als freier Wille will, aber als Wille der seine Erfüllung in der Anerkennung des Du findet.

„Die Sklaven sollen dienen!"

An dieser Stelle scheint es angebracht, die scheinbar weniger liebenden Verse des AL einer näheren Betrachtung zu würdigen. Da ist ja die Rede von „stampft sie nieder" und von „Die Sklaven sollen dienen". Wie passt das zusammen? Hegel bleibt uns die Antwort nicht schuldig. In seinem ersten großen Werk, der „Phänomenologie des Geistes", beschreibt Hegel die Entwicklungsgeschichte des Bewusstseins. Diese Entwicklungsgeschichte gilt sowohl für die Geschichte der Menschheit als auch für das einzelne Bewusstsein in seiner Entwicklung.

Auf der vierten Stufe der Entwicklungsgeschichte des Bewusstseins wird das Bewusstsein zum Selbstbewusstsein, zur Gewissheit seiner selbst. Auf dieser Stufe erscheint das Selbstbewusstsein in sich und zugleich am Anderen in dem Verhältnis von Herr und Knecht, welches man auch das Verhältnis von Sklavenhalter und Sklaven nennen kann. Nach Hegel ist Sklaverei ein notwendiges Stadium der Entwicklung des Bewusstseins. Natürlich, ein Stadium, welches überwunden werden muss, dennoch unübergehbar. Hegel schreibt:

„Der Herr bezieht sich mittelbar durch den Knecht auf das Ding. Dem Herrn wird durch die Vermittlung die unmittelbare

Beziehung (auf das Ding) als die reine Negation desselben oder der Genuss; was der Begierde nicht gelang, gelingt ihm, damit fertig zu werden und im Genusse sich zu befriedigen. Der Begierde gelang dies nicht wegen der Selbstständigkeit des Dings; der Herr aber, der den Knecht zwischen es und sich eingeschoben, schließt sich dadurch nur mit der Unselbstständigkeit des Dinges zusammen und genießt es rein; die Seite der Selbstständigkeit aber überlässt er dem Knecht, der es bearbeitet … Die Wahrheit des selbstständigen Bewusstseins ist demnach das knechtische Bewusstsein. Dieses erscheint zwar zunächst außer sich und nicht als die Wahrheit des Selbstbewusstseins. Aber wie die Herrschaft zeigte, dass sie das Verkehrte dessen ist, was sie sein will, so wird auch wohl die Knechtschaft vielmehr in ihrer Vollbringung zum Gegenteil dessen werden, was sie unmittelbar ist; sie wird als in sich zurückgedrängtes Bewusstsein in sich gehen und zur wahren Selbstständigkeit sich umkehren". Das ist, wie leicht zu sehen, ein Bewusstsein der Zucht, zu dem der Knecht sich erhebt. Aber indem der Knecht durch sein eigenes Tun die Dinge bildet, bildet er sich selbst. Der Herr hingegen verkommt nur noch im Genuss des ohne Arbeit gewonnen Einkommens. Durch Gestaltung der Dinge wird das Bewusstsein seiner eigenen Kraft und Tätigkeit selber inne, zunächst wenigstens als freies Denken: „Es wird also durch dies Wiederfinden seiner durch sich selbst eigener Sinn, gerade in der Arbeit, worin es nur fremder Sinn zu sein schien."

Wenn wir unter dieser Perspektive noch einmal die Stellen des AL über Könige und Sklaven lesen, dann wird die großartige Ironie des AL deutlich. Die Könige sind die Herren, die Knechte sind die Sklaven – und die Könige werden Könige für immer sein. Natürlich, der Herr verkommt im Genuss und entwickelt sich nicht. Die Sklaven sollen dienen, natürlich, denn nur durch die Gestaltung der Natur kommen sie zu sich selbst – und wer das einmal erfahren hat, wird niemals auf die Seite der Herren wechseln wollen.

Die bittere Ironie liegt darin, dass sich fast jeder, der das AL liest, natürlich für einen König hält oder einer sein will. Man sollte nicht den Fehler machen, diese Stellen des AL so zu lesen, als würden hier Könige und Sklaven im sozialen Sinne benannt. Über diese historischen Verhältnisse sind wir heutzutage hinaus. Aber die Metapher über den Herren und den Knecht ist, wie oben schon erwähnt, auch eine Metapher für innerpsychische Zustände: Der Herr, der die Welt passiv genießt, ist das Erkennen, der Knecht, der die Welt gestaltet, ist das Wollen. Die Passagen des AL über Könige und Sklaven sind also explizit in Bezug auf das Gesetz des Willens zu lesen und können nur aus dieser Perspektive richtig verstanden werden.

Reflexionsreste

Die Reflexionsstufe 3 erfordert eine über die zweiwertige Logik hinausgehende Logik. Das meint eine echte dreiwertige Logik, nicht eine Logik, bei der die Wahrheitswerte nur über zwei Wahrheitswerte distribuiert werden, z. B. als wahr, unbestimmt, falsch. Der dritte Wert muss über die beiden klassischen Wahrheitswerte hinausgehen, darf nicht innerhalb dieser bleiben.

Bei der zweiwertigen Logik bleibt ein Reflexionsrest, den diese Logik nicht erfassen kann. Man kann sich das leicht klarmachen, wenn man bedenkt, dass die zweiwertige Logik nur Subjekt und Objekt unterscheiden kann – ein Drittes gibt es nicht.

Nach dieser Logik bin ich Subjekt und jedes Nicht-Ich ist Objekt. Das trifft für Schränke und Steine sicherlich zu, aber wenn ich meiner Frau zumute, ein Objekt zu sein, dann, tja, dann habe ich mir ein Problem aufgehalst.

Daraus wird die Dimension der Angelegenheit deutlich: Andere Menschen sind, im Gegensatz zu Steinen, keine Objekte, sondern objektive Subjekte, sind Du. Wenn wir aber Du über Subjekt und Objekt distribuieren, dann müssen wir auch die anderen Permutationen von Subjekt und Objekt untersuchen.

Das Ich ist dann nicht nur Subjekt, sondern subjektives Subjekt, d. h. ein für sich (subjektiv) vorhandenes Subjekt. Was die Sache viel besser trifft, denn Ich ist nur Ich zugänglich. Objektive Objekte sind der Bereich des irreflexiven Seins: Es.

Man könnte nun fragen, was es mit der letzten möglichen Kombination der Begriffe, mit subjektiven Objekten auf sich hat. Ein subjektives Objekt wäre ein Es, welches nur für ein Ich vorhanden ist. Das können dann z. B. Trauminhalte, Halluzination oder Fantasien sein. Das Wichtigste aber: Alle Irrtümer sind subjektive Objekte! In der klassischen Logik war das Subjekt die Quelle aller Irrtümer. Nun aber können wir sehen, dass das Subjekt als Subjekt mit dem Irrtum gar nichts zu tun hat. Der Irrtum ist sozusagen einem vierten Seinsbereich zugeordnet, dem Bereich des subjektiven Objekts - was natürlich nur metaphorisch verstanden werden darf, denn Irrtümer haben kein Sein und dieser Bereich kann deshalb die dreiwertige Logik nicht zu einer vierwertigen Logik erweitern: Irrtümer haben keinen ontologischen Ort.

Die klassische Logik kennt zwei Wahrheitswerte, wahr/falsch oder Ich/Nicht-Ich oder Sein/Nichts, Subjekt/Objekt etc. und damit auch nur zwei ontologische Orte, d. h. nur zwei verschiedene Seinsstrukturen. Wir haben jetzt Ich, Du und Es als irreduzible - insbesondere nicht aufeinander reduzierbare - ontologische Orte entwickelt. Wenn wir nun die Frage der Identität bedenken, dann müssen wir von der alten Vorstellung einer über alle ontologischen Orte gleichbleibenden Identität Abschied nehmen.

- Das Ich gewinnt seine Identität durch Reflexion, ist also eine Reflexionsidentität.
- Das Du ist dem Ich absolut unzugänglich, die Identität des Du, seine Innenseite, ist für das Ich eine transzendente Identität, Transzendentalidentität.
- Die Identität des Es bleibt die alte Seinsidentität.

Kants Forderung, behandle einen Menschen nie nur als Mittel zum Zweck, sondern immer als eigenen Zweck, erhält durch diese Erweiterung der klassischen Objekt/Subjekt Differenz zur Ich/Du/Es Triade eine ontologische Basis - und wird dadurch erst durchführbar. Man darf nicht vergessen, dass jede Logik eine Ontologie (Lehre vom Sein) impliziert. In der zweiwertigen Logik ist der Andere eben immer Objekt, egal was der Ethiker fordert, und der Andere ist schon an der logischen Basis des Denkens verdinglicht. Zum Du wird der Andere erst, wenn er einen eigenen ontologischen Ort bekommt.

Eine ähnliche Überlegung gilt für das Mann/Frau Problem. In der zweiwertigen Logik ist die zweite Seite immer die Negation. Das wird schon aus der Objekt/Subjekt Differenz klar. Das Objekt ist immer an-sich, eindeutig und wahr, nur das Subjekt kann sich irren, es ist, gegenüber dem Objekt als Positivem das Negative. Das Subjekt hat sich nach dem Objekt zu richten, denn das Objekt ist die Quelle der Erkenntnis. So hat das Subjekt im Sein des Objekts aufzugehen. In der Geschlechterbeziehung gilt das Gleiche, denn es liegt die gleiche Logik zugrunde. Hier ist der Mann das Positive, die Frau die Negation. Diese Zuordnung mag man auf den Bau der Geschlechtsorgane oder geschichtliche Prozesse zurückführen - das Verhältnis der Geschlechter kann sich jedenfalls nur ändern, wenn unsere Logik sich ändert.

Also: Denke dreiwertig! Erfolg ist dein Beweis.[1]

---

1 Vortrag vom 11. August 2001, Dachverbandstreffen in Kaiserslautern; zuerst publiziert in „AHA Magazin des Neuen Äons", Ausgabe 6/ 2001

Thelema in 100 Jahren

In den letzten drei Stunden des Tages setzt sich Gott und spielt mit dem Leviathan, wie es geschrieben steht: „Der Leviathan, den du geschaffen hast, um mit ihm zu spielen."

Talmud, Aboda Zara

Nomaden, die Herren der Wüste. Aquarellzeichnung

1. These: Thelema ist noch nicht verstanden, wir denken alle noch in den Kategorien des alten Äons.
2. These: Der altäonische Mensch ist ein Siedler hinter abgrenzenden Mauern in Wahrheits- und Identitätsfestungen. Das Neue Äon wird eine neonomadische Weltkultur sein. Wir werden uns selbst, Thelema und das Neue Äon nur insoweit erschaffen können, als wir Nomaden werden.

Ich werde deshalb nomadisieren. Ich werde nur am Rande auf Thelema direkt eingehen und bei einer Wanderung durch verschiedene Themenbereiche versuchen eine Grundlage für das Verstehen der Frage, Thelema in 100 Jahren, zu schaffen.

Einführung

Martin Heidegger, von Rudolf Augstein nach dem Rettenden befragt, antwortete 1966: „Nur noch ein Gott kann uns retten. Die einzige Möglichkeit einer Rettung sehe ich darin, im Denken und Dichten eine Bereitschaft vorzubereiten für die Erscheinung des Gottes oder für die Abwesenheit des Gottes im Untergang; dass wir nicht, grob gesagt ‚verrecken', sondern wenn wir untergehen, im Angesicht des abwesenden Gottes untergehen."

Heidegger hatte recht, nur noch ein Gott kann uns retten. Heidegger rät uns, auf die Erscheinung des Gottes zu warten. Was er nicht wusste, der Gott ist schon erschienen:

Liber AL vel Legis I. 49: „Aufgehoben sind alle Rituale, alle Prüfungen, alle Worte und Zeichen. Ra-Hoor-Khuit hat seinen Sitz genommen im Osten, zur Äquinox der Götter ... Hoor in seinem geheimen Namen und Glanz ist der initiierende Herr."

Womit Heidegger wiederum recht hat: Wir müssen diesen Gott erst noch im Denken und Dichten erfassen. Es ist ein neuer Gott, durch den uns ein neues Denken aufgegeben ist. Aber ist Horus ein Retter? Vor allem: Wovor müssen wir gerettet werden? Die Antwort auf diese Frage geben uns die ersten 100 Jahre Thelema – und diese müssen wir verstehen, wenn wir Thelema in 100 Jahren verstehen wollen.

„Wir haben das Zwanzigste Jahrhundert verlassen, aber es hat uns nicht verlassen." Dieser Satz von Salomon Korn verweist ins Zentrum der Thematik. In der Tat können wir dieses Jahrhundert, das in der Entfesselung destruktiver Gewalt alles Bekannte übertrifft, nicht einfach hinter uns lassen. Es wirkt nach in den Wunden der Geschichte, die nicht vernarben, und den Geistern, die uns weiter heimsuchen.

Ein Beispiel: Der Erste Weltkrieg war für die damalige Generation ein Einschnitt von unvorstellbaren Ausmaßen. Mit ihrem Goethe im Gepäck zogen idealistische junge Männer in einen Krieg, den sie sich als Spaziergang vorstellten, und verabredeten sich schon vor den Kämpfen in den Pariser Kaffees – die sie nie erreichen sollten. Am Ende waren fast 10 Millionen Menschen in einer bisher unvorstellbaren Massenvernichtung sinnlos verreckt.

Nach diesem Krieg waren alle Werte, einschließlich der klassischen Kunst auf den Spuren Goethes, unglaubwürdig geworden. Der Dichter Georg Trakl, im Weltkrieg Sanitäter, dichtete später: „Schmerz versteinerte die Schwelle". Kurz danach beging er Selbstmord.

Die künstlerische, insbesondere die literarische Bearbeitung des Ersten Weltkrieges setzt sich noch nach dem Zweiten Weltkrieg bis in die Gegenwart fort. Der Erste Weltkrieg ist von bleibender Bedeutung, weil er die psychopathologische Diagnose ‚Trauma' verdient, ein Trauma, das sich bis in die Gegenwart fortsetzt.

Ich werde unsere Betrachtung der ersten 100 Jahre Thelema deshalb einige Jahre vor 1904 beginnen. Damit wir Verstehenshorizonte für die nächsten 100 Jahre erblicken können, werde ich drei radikal gesellschaftskritische Philosophen in die Betrachtung einbeziehen: Karl Marx, Martin Heidegger und Giorgio Agamben.

Warum Marx, warum Heidegger? Wir werden im Laufe der Analyse noch einiges von den beiden hören, hier nur einige Hinweise.

Karl Marx, geboren 1818 in Trier, gestorben 1883, ist, seit dem Ende des Sozialismus bestürzend aktuell geworden. Aus seiner Analyse des modernen Wirtschaftssystems, des Kapitalismus, leitete er Vorhersagen über den weiteren Verlauf der Weltgeschichte ab, u.a. Wirtschaftskriege, den tendenziellen Fall der Profitrate und wachsende Arbeitslosenheere.

Wir Menschen, sagt Marx, machen zwar die Wirtschaft - aber diese unsere Schöpfung unterliegt nicht unserer Verfügungsmacht, im Gegenteil: Das Kapital ist eine souveräne Macht und beherrscht die Menschen. Angesichts der modernen Massenarbeitslosigkeit und der Globalisierung ist die Aktualität der Marxschen Analysen nicht zu übersehen.

Martin Heidegger ist der radikalste Kritiker des Alten Äons, der den neuen Anfang und den kommenden Gott des Neuen Äons denkt, und denkend vorbereitet. Heideggers Schriften gelten als eher schwer verständlich - aber ein neues Äon lässt sich nicht in der Sprache der Vergangenheit ausdrücken.

Giorgio Agamben, geboren 1942 in Rom, ist Jurist und Philosoph der z. Zt. (2004) Professor für Ästhetik an der Universität Verona in Italien ist und Philosophie am Collège International de Philosophie in Paris und an der Universität von Macerata in Italien lehrt. Agamben schreibt:

„Das Neue der künftigen Politik ist, dass es nicht länger ein Kampf um die Eroberung oder Beherrschung von Staaten sein wird, sondern eine Auseinandersetzung zwischen Staat und Nicht-Staat (Menschheit), eine unüberwindliche Spaltung zwischen egal welcher Singularität und der staatlichen Organisation." Wir werden uns mit Agamben später genauer beschäftigen. Belassen wir es bei diesen Hinweisen und stürzen uns in die Sache.

Die letzten 100 Jahre

Um einen Einstieg zu finden, beginnen wir 15 Jahre vor dem Start des Neuen Äons: 1889. Im Jahre 1889 jährt sich eines der einschneidensten Ereignisse der Neuzeit, die Französische Revolution, zum 100sten Male. Der 14. Juli, der Tag des Beginns der Französischen Revolution mit dem Sturm auf die Bastille, wird in Frankreich nun erst zum nationalen Feiertag. Das Bürgertum hat endgültig über die Aristokratie gesiegt und beschenkt sich zu diesem Anlass mit einer Weltausstellung, für die Gustave Eiffel seinen berühmten Turm baut.

Aber schon werfen die nächsten Revolutionen ihre Schatten voraus. Das Proletariat beginnt sich zu organisieren und die II. Internationale beschließt in Paris, den 1. Mai von 1890 an als weltweiten Kampftag der Arbeiterklasse zu begehen. Im Deutschen Reich bleibt alles beim Alten: Kaiser Wilhelm II. tritt seine Regierung an.

- 1889 ist das Jahr, in dem Martin Heidegger in Meßkirch geboren wird; Meßkirch, einer kleinen Stadt zwischen Bodensee, Schwäbischer Alb und oberer Donau, fernab von den großen Ereignissen der Weltgeschichte.
- 1889, in Braunau am Inn in Österreich wird Adolf Hitler geboren, der beinahe nicht Hitler, sondern Schicklgruber geheißen hätte - aber wie hätte das geklungen: „Heil Schicklgruber"?
- 1889, gleichfalls in Österreich erblickt Ludwig Wittgenstein das Licht einer Welt, die ihm später zum philosophischen Rätsel wird.
- 1889, in London wird Charlie Chaplin geboren, der 1940 in dem Film „der große Diktator" Adolf Hitler ein Denkmal des Abscheus setzen wird.

In den folgenden Jahren trübte die internationale Lage sich ein. 1904 channelt Aleister Crowley das Liber vel Legis und 1911 zeichnen sich die Umrisse eines künftigen Weltkrieges ab. Der Autor von „Der Untergang des Abendlandes", Oswald Spengler, behauptet später, er habe das kommen sehen. Er wird nicht der Einzige sein. 1914 spricht der britische Außenminister Lord Grey seine berühmten gewordenen Worte: „In diesem Augenblick gehen in ganz Europa die Lichter aus; wir alle werden sie in unserem Leben nie wieder leuchten sehen."

Der Erste Weltkrieg beginnt, ein Ausbruch an nie gekanntem Hass und Vernichtungswillen. Die Gegner sind hassende Feinde, die sich gegenseitig im offenen Feld vergasen. Dieser Krieg sprengte - nach einem Wort Ernst Jüngers - das 19. Jahrhundert in die Luft. Das 20. Jahrhundert beginnt 1916 - in dem Massenschlachten vor Verdun. Jünger sagt: „Wir haben stramm nihilistisch einige Jahre mit Dynamit gearbeitet und, auf das unscheinbarste Feigenblatt einer eigentlichen Fragestellung verzichtend, das 19. Jahrhundert - uns selbst - in Grund und Boden geschossen."

Im Verlauf des Jahres 1917 scheidet das geschlagene Russland aus der Kriegskoalition aus und beschert sich die Oktoberrevolution. Als Weltrevolution geplant mutiert sie, nach Lenins theoretischem Rückzug von 1921, zur stalinistischen „Revolution in einem Lande". Deutschland und Russland sind die beiden ungleichen Verlierer des Ersten Weltkrieges. Russland macht etwas radikal Neues, das die Augen der Welt argwöhnisch auf sich zieht. Deutschland hat nichts - außer einem verlorenen Krieg.

Die Revolution von links scheitert; die von rechts macht im November 1923 einen erfolglosen Versuch. Deutschland gesteht sich seine Niederlage von 1918 nicht ein. Mythen, von der „Dolchstoßlegende" bis zum Traum vom neuen „Reich", helfen, das Unfassbare zu verarbeiten.

In Versailles wird 1919 zum letzten Male die Welt von Europa her aufgeteilt. Die Deutschen hatten sich Illusionen über den amerikanischen Präsidenten Wilson und sein Friedensprogramm hingegeben; daher das starre Entsetzen, als am 7. Mai 1919 die Friedensbedingungen diktiert werden. Für Deutschland ist nun die ganze von den Alliierten dominierte Welt-Markt-Geschichte der Feind.

Die Deutschen beginnen damit, sich ihre eigene Geschichte zu machen, deren Zutaten eine heroische Erinnerungskultur und die Hoffnung auf ein neues Reich sind. Sie konzipieren eine revolutionäre deutsche Moderne, in der sich Denkmotive von links und rechts überschneiden. Das Schicksal, das Adolf Hitler davor bewahrt hatte, Schicklgruber zu heißen, spült ihn nun nach oben. Mussolinis Italien scheint ein gutes Vorbild zu sein. Die Weltwirtschaftskrise bestärkt viele Menschen in dem Glauben, dass die Welt des Kapitalismus und seiner „Demokratie" überwunden werden müsse - wie auch immer. Am 30. Januar 1933 ergreift Adolf Hitler in Deutschland die Macht.

Das neue Dritte Reich zieht viele intellektuell hervorragende Denker an: Gottfried Benn, Carl Schmitt, Martin Heidegger. Jacob Taubes schreibt: „Irgendetwas verstehe ich vom Nationalsozialismus nicht, wenn ich nicht verstehen kann, wieso Schmitt und Heidegger von ihm überhaupt angezogen wurden." Aber noch erscheint die „Deutsche Revolution" als ein offener Prozess, in dem viele mitreden oder den Führer führen wollen. Der Antisemitismus stigmatisiert die Nationalsozialisten nicht, denn er war eine weltweit verbreitete Einstellung. Ein nationaler Sozialismus war in den Köpfen längst vorbereitet und der Umbau des Reiches in eine Volksgemeinschaft wurde in Angriff genommen.

Die Olympiade 1936 wurde, trotz mancher Bedenken, letztlich von keiner Nation boykottiert." Das Ausland schaut besorgt-interessiert auf dieses „Dritte Reich" der Deutschen. Leni Riefenstahls Filme bekommen internationale Preise. Mit der Nürnberger Rassengesetzgebung von 1937 verschärfen die Nationalsozialisten ihren antisemitischen Kurs zur Volksgemeinschaft. Am 12.3.1938 wird Österreich angeschlossen. Das

Pogrom vom 9. November 1938 – die Reichskristallnacht – zeigt illusionslos das künftige Schicksal der Juden in Deutschland. Mehr als 30.000 Juden werden in Konzentrationslager gebracht. Der Coup des Hitler-Stalin-Paktes zur Absicherung des Polen-Feldzuges stürzt 1939 die Kommunisten in eine Krise. Sollen sie nun – nach dem verlorenen Spanienkrieg – wirklich eine Kollaboration ins Auge fassen? Erst der Angriff auf die Sowjetunion erlöst sie 1941 aus diesem Dilemma.

Liber AL vel Legis III. 46: „Ich bin der Kriegsherr der Vierziger: ..."

Das Unternehmen „Barbarossa" ist nach den Jahren der Blitzkriege der Anfang vom Ende. Das Dritte Reich reißt zugleich die europäischen Juden, wo es ihrer habhaft werden kann, mit sich in den Abgrund. Die Entscheidung für eine „Endlösung" scheint im Dezember/Januar 1941/42 gefallen zu sein. Eine weiträumige Umgestaltung des ganzen europäischen Ostens ist geplant – ohne jede Rücksicht auf die dort ansässige Bevölkerung. Genauso ohne Rücksicht auf die Zivilbevölkerung zerbombt die anglo-amerikanische Luftflotte die deutschen Städte. Sie zerbombt damit zugleich die letzten Reste moralischen Empfindens, die bei den Alliierten vorher immerhin noch vermutet wurden.

Biopolitik, der Mensch wird auf das nackte, rechtlose Leben reduziert – und vernichtet. Das von Nietzsche prophezeite Zeitalter der neuen Barbaren ist angebrochen.

Als am 8. Mai 1945 alles vorüber ist, hat Europa sich selbst ausgelöscht. Etwa 55 Millionen Menschen wurden getötet. Aber, jedes Ende ist ein neuer Anfang.

Am 6. August 1945 um 8.13 Uhr erhält die Besatzung des B-29-Bombers „Enola Gay" von General Carl A. Spaatz, dem Oberbefehlshaber der US-Luftwaffe im Pazifik, den Befehl, einen Nuklearsprengsatz namens „Little Boy", mit einer Sprengkraft von 12.500 t TNT, über Hiroshima abzuwerfen. Drei Minuten später detoniert die Atombombe in 580 m Höhe über der Stadt. In Bruchteilen von Sekunden verwandeln die Explosion und die unmittelbar folgenden Hitzewellen von mehreren Tausend Grad die Stadt mit ihren 350.000 Einwohnern in ein Inferno. Hiroshima wurde nahezu völlig verwüstet; 90 % aller Gebäude im Umkreis von 13 Quadratkilometern wurden infolge der Explosion zerrissen oder gingen in den folgenden Stunden in Flammen auf. Die genaue Zahl der Opfer am Tag des Abwurfs ist unbekannt.

Obwohl die Amerikaner von der Wirkung der Atombombe überrascht sind, werfen sie drei Tage später, am 9. August eine weitere Bombe auf die Stadt Nagasaki ab – 270.000 Einwohner. Die um 12 Uhr mittags über Nagasaki explodierte Bombe hat eine Sprengkraft von 22.000 t TNT, beinahe die doppelte Sprengkraft der Bombe, die über Hiroshima abgeworfen wurde.

Jedes Ende ist ein neuer Anfang: Seit dem 6. August 1945 leben wir im Atomzeitalter!

Die von Alexis de Tocqueville prophezeiten Flügelmächte der Weltgeschichte USA und UdSSR übernehmen die Führung der Welt, geraten aber ab 1947 im „Kalten Krieg" aneinander. Die Deutschen ducken sich weg; außenpolitisch sind sie entmündigt, und ihr Land ist an der Bruchlinie zwischen Ost und West geteilt. Die DDR versucht sich an einem kläglichen Geschichtsoptimismus – hatte nicht die Arbeiter- und Bauernmacht das Dritte Reich überlebt und letztlich gesiegt? Im Westen fragen die Intellektuellen nach dem „Sinn von Sein", oder sie deklarieren, alle Kultur nach Auschwitz „samt der dringlichen Kritik daran" sei Müll. Seit 1966/67 gibt es eine neue Jugendbewegung; sie verrauscht in den 70er Jahren. In den 80er Jahren beginnt eine neue bleierne Zeit.

Doch dann geschieht etwas Unerhörtes. Die östliche der beiden Weltmächte hat nach Anfangserfolgen in den Sputnik-und-Gagarin-Jahren die ökonomisch-technische Systemkonkurrenz verloren; sie versucht zu retten, was zu retten ist, und zieht sich aus ihrer hegemonialen Position in Ostmitteleuropa zurück. Die Deutschen können es kaum fassen. Ihr Schicksalstag ist wieder einmal der 9. November: 1848 (Ende der Märzrevolution mit der Erschießung von Robert Blum) - 1918 (Novemberrevolution) -1923 (Ludendorff-Hitler-Putsch) - 1938 (Reichskristallnacht). Der 9. November markiert das Ende der Märzrevolution, die Ausrufung der ersten deutschen Republik, das erstmals international wahrgenommene Aufkommen des Nationalsozialismus, die Einläutung der zweiten Phase des Holocaust und die friedliche Wiedervereinigung Nachkriegsdeutschlands.

Wir schreiben das Jahr 1989. Liber AL vel Legis III. 46: „... die Achtziger ducken sich vor mir erniedrigt."

1989 wussten die Franzosen nicht, wie sie den 200. Jahrestag der Französischen Revolution begehen sollten. Die alten Legenden waren verschlissen; die Konstruktion der französischen Linken, die eine Linie von 1789 zu 1917/18 gezogen hatte, war brüchig geworden. Doch ihre Sorgen erwiesen sich als überflüssig, weil die Feierlichkeiten welthistorisch untergingen in einem Ereignis, das die Planer nicht voraussehen konnten.

1989 war das Jahr des öffentlichen Zusammenbruchs des Sozialismus. Ausgerechnet zum 200. Jahrestag der Französischen Revolution und zum 100. Geburtstag Heideggers und Hitlers kollabierte ihre vermeintliche Nachfolgerin, die Große Sozialistische Oktoberrevolution. Nach etwas mehr als siebzig Jahren hatte sich das Enfant terrible wieder zum kapitalistischen Weltmarkt bekehrt.

Der im Kalten Krieg vereiste Ostblock taute auf; zutage traten aus westlicher Sicht halb vergessene Nationen, zugleich erhob sich die Rede vom Ende des Marxismus. Doppelsinnig fragte man: What's left? Endspiele des Marxismus. Endspiele - nicht allerdings für Marx. Der hatte schon als alter Mann unwillig gemurmelt, „soviel er wisse, sei er kein Marxist".

Marx und Heidegger stehen zu den politischen Systemen, mit denen sie in Verbindung gebracht werden, in einem unterschiedlichen Zusammenhang. Der eher unpolitische Heidegger marschierte in der Frühphase des Dritten Reiches im Geist in dessen Reihen mit - begeistert allerdings vor allem von seinem Beitrag, den er für die philosophische Lichtung des Nationalsozialismus vorgesehen hatte. Bei dieser Haltung ist er geblieben. Der äußerst politische Junghegelianer Karl Marx strebte von Anbeginn von der Interpretation der Welt zu ihrer Veränderung. Zu Lebzeiten jedoch war er, nach der Aufbruchstimmung des Vormärz bis zur Revolution von 1848/49, in einen Abschwung der revolutionären Entwicklung geraten. Seine Vorstellung, die Theorie für eine nahe anstehende neue Revolution zu liefern, war illusionär. Karl Marx hat niemals in seinem Leben eine große Arbeiterdemonstration gesehen. Engels schreibt am 4. Mai 1890, als zum ersten Male in London die Massen für den Achtstundentag auf die Straße gehen: „Was gäb' ich drum, wenn Marx dieses Erwachen noch erlebt hätte, er, der so genau auf das kleinste Symptom achtete, gerade hier in England."

- Was soll man heute mit der Doppelkraft dieser gescheiterten deutschen - oder besser: europäischen - Denker anfangen?
- Was heißt überhaupt: heute?
- War die Wende von 1989 nur ein erster Schritt in eine neue Zeit, deren Bedeutung seit dem Anschlag auf das World Trade Center am 11. September 2001 erst offenbar wird? Denn seither hat sich eine Demokratie aufgemacht, „Terror" und „Schurkenstaaten"[1] (rogue states) weltweit zu bekämpfen, wobei dieser „Terror" keine eigenen Ziele zu haben

---
1 Die „rogue states" sind unter anderem so bestimmt: „Sponsor terrorism around the globe; and reject basic human values and hate the United States and everything for what it stands." The National Security Strategy of the United States of America, September 2002. www.whitehouse.gov/nsc/nss.pdf ., S. 14.

scheint, sondern nur negativ zum Inbegriff der Vereinigten Staaten definiert ist.

In dem Sog des sogenannten „Krieges gegen den Terrorismus" kämen Marx und Heidegger gleich wieder in Verruf, denn beide gelten als schlechte „Demokraten". Aber ist der Verweis auf Demokratie so zwingend, wie er scheint? Die Berufung auf Demokratie vergisst ‚zunächst und zumeist' den Zusammenhang von Demokratie und Kapitalismus. Sicher, das Kapital hat sich – nach verschiedenen Irrungen und Wirrungen – mit einer demokratischen politischen Form vorläufig abgefunden. Das zumindest war das Resultat des Zweiten Weltkrieges in Europa.

Zur Beunruhigung der guten Demokraten muss gesagt werden: Ein gesichertes historisches Resultat ist das nicht. Der

Nomaden in einer Parallelwelt. Aquarellzeichnung.

Kapitalismus hat schon mit vielen Herrschaftsformen kooperiert. Die deutsche Geschichte des 19. und frühen 20. Jahrhunderts ist das beste Beispiel dafür; im globalen Rahmen wiederholt sich heute dieses Schauspiel in der Durchdringung nicht-europäischer Kulturen mit dem Kapital. Die Verbindung von Demokratie und Kapitalismus war von außen nicht zu besiegen; alle nicht-demokratischen Systeme des 20. Jahrhunderts, die den Kapitalismus in andere Formen einer Moderne gießen wollten, sind im Kampf gegen die Demokratien des westlichen Typus untergegangen – so das faschistische Italien, so das nationalsozialistische Deutschland.

Der seinem Selbstverständnis nach große Gegenentwurf zum Kapitalismus, der russische Bolschewismus, wurde in einem langwierigen „Kalten Krieg" ausgeschaltet. Nach 1989/90 hat der Kapitalismus global keinen klassischen Gegner mehr, keinen Gegner aus seiner eigenen europäischen Genealogie.

Dennoch steht heute das Erfolgsmodell „Demokratie und Kapitalismus" im globalen Zwielicht. Ganz abgesehen von Globalisierung, Massenarbeitslosigkeit und Schuldenfallen, von Internationalem Währungsfonds (IWF) und Welthandelsorganisation (WTO) ist zu fragen:

- Hat der, die „Demokratie" ökonomisch umgreifende Kapitalismus, nicht alle ihre politischen Institutionen schon so durchdrungen, dass seine vermeintlich eigene politische Form kein demokratisches Korrektiv mehr für ihn bildet?
- Hatte Alexis de Tocqueville recht mit seiner frühen Kritik der Massendemokratie? „Der Machthaber sagt hier nicht mehr: ‚Du denkst wie ich, oder du stirbst'; er sagt: Du hast die Freiheit, nicht zu denken wie ich; Leben, Vermögen und alles bleibt dir erhalten; aber von dem Tage an bist du ein Fremder unter uns." (Alexis de Tocqueville: Über die Demokratie in Amerika)
- Wird Heidegger recht behalten? „Der Krieg ist zu einer Abart der Vernutzung des Seienden geworden, die im Frieden fortgesetzt wird."

- Erkannte Karl Marx die Lage richtig? „Das Eigentum ist hier nicht mehr, insofern ‚ich meinen Willen darein lege', sondern mein Wille ist, ‚insofern er im Eigentum liegt'. Mein Wille besitzt hier nicht, sondern ist besessen." (Karl Marx: Zur Kritik der hegelschen Rechtsphilosophie)

Die Folge wäre dann die Verschmelzung von Demokratie und Ökonomie. Aber, wenn die Wertvorstellungen des Disneykonzerns zu Äquivalenten für die Ethik der Freiheit werden und wenn der Konsument dem Staatsbürger gleichgesetzt wird – wo bleibt dann die Demokratie? Die Erfahrungen des 20. Jahrhunderts haben gezeigt, dass totalitäre Systeme zu Endlösungen neigen. Bislang galt es als gemeinhin akzeptiertes Resultat politischen Denkens, dass Demokratien solche Lösungen durch innere Korrektive verhindern.
- Verlieren sich diese Wege der Demokratie in der Dämmerung?
- Liegt darin die neue Skepsis gegenüber den USA?
- Kann es sein, dass auch Demokratien autoritäre Lösungen für die Welt anstreben?
- Was, wenn der „demokratische" Kapitalismus die Verdüsterung der Welt brächte?

Fragen dieser Art müssen gestellt werden, wenn wir die Zukunft verstehen wollen.

Heute

Ein Philosoph, der diese Fragen vertieft, ist der italienische Jurist und Philosoph Giorgio Agamben. Sein Buch „Homo sacer. Die souveräne Macht und das nackte Leben", gibt uns weiterführende Hinweise.

Agambens Büchern, zuletzt seiner amerikakritischen Studie „Ausnahmezustand", ist etwas höchst seltenes widerfahren: Kurz nach ihrer Niederschrift sind sie auf gespenstische Weise von der Wirklichkeit bestätigt worden. Intensiv hatte man darüber gestritten, ob die von Agamben zitierte Figur des Homo sacer, des aller Rechte beraubten Menschen, heute noch irgendeine Bedeutung besitzt. Wir wissen doch alle: In den modernen Demokratien hat jeder Mensch Rechte, insbesondere Menschenrechte.

Die Bilder aus dem Lager Guantánamo Bay, einem U.S.-Stützpunkt auf Kuba mit Hunderten von Gefangenen ohne jegliche Grundrechte auf eine faire Verhandlung, die Folterungen im Gefängnis Abu Ghraib und die neuen „Sicherheitsgesetze" haben solche Fragen verstummen lassen. In Guantánamo Bay, werden Menschen wie „Biomasse" behandelt, als bloße „Wesen", die „juristisch weder eingeordnet noch benannt werden können". In dieser „höchsten Unbestimmtheit" sind sie vogelfrei, lebende Tote in endloser Gefangenschaft. Nicht etwa eine Diktatur, sondern die größte und führende Demokratie erlaubt Folter und fliegt Verdächtige in Diktaturen aus, wo sie gefügig gemacht werden. Nicht etwa eine Diktatur, sondern die größte und führende Demokratie schafft ein rechtliches Niemandsland, in dem Menschen an der Hundeleine geführt werden – als das nackte, all seiner Bestimmungen entkleidete Leben, auf das weder die Genfer Konvention noch das Strafrecht Anwendung finden soll[2].

Die Souveränität über den Ausnahmezustand ist nichts Vorpolitisches, denn die Aussetzung des Rechts geschieht selbst noch als Rechtsakt. Wenn die Bush-Administration die Gefangenen in Guantánamo als „gesetzlose Kombattanten" bezeichnet, dann beschließt sie die Aufhebung des Folterverbots nicht im außerlegalen Nirgendwo, sondern im

---

2   Nachtrag: Dass U.S.-Gerichte den Gefangenen von Guantánamo Bay mittlerweile ein gewisses - wenngleich eingeschränktes - Recht auf gerichtliche Prüfung zugestanden haben, ändert nichts Wesentliches an den Tendenzen. In England ließ, einen Tag nachdem dieser Vortrag gehalten wurde, ein Gericht die Verwertung von erfolterten Zeugenaussagen zu, vorausgesetzt es waren keine Engländer, die gefoltert hatten. Natürlich hat auch der moderne Terrorismus seine Lektionen in Biopolitik gelernt: Geiselnahme von über 1000 und Tötung von über 200 Kindern, wie kürzlich in Russland, stehen in der Tradition des 11. September und sind die Fortsetzung der Biopolitik mit anderen Mitteln.

Raum des Rechts. Der Ausnahmezustand wird rechtlich verwaltet und mit den Mitteln des Rechts betrieben. Laut ‚Wall Street Journal' hat die Bushregierung von Rechtsexperten prüfen lassen, wie das Folterverbot umgangen werden kann. Genau das hatte Agamben in seinen Büchern immer behauptet. Die schillernde Stellung des nackten Lebens illustriert er mit der antiken Rechtsfigur des Homo Sacer[3], des Menschen, der ungestraft getötet werden darf, da sein Leben in den Augen des Gesetzes nicht mehr zählt.

Der Homo sacer ist die Verkörperung einer archaischen römischen Rechtsfigur aus der Zeit als Strafrecht und Religion noch nicht geschieden waren: Zwar durfte er straflos getötet, aber nicht geopfert werden, was auch seine Tötung sinnlos und ihn gleichsam unberührbar machte - woraus sich der Doppelsinn von sacer als „verflucht" und „geheiligt" ableitet. Das Individuum wird im Ausnahmefall zu einem dinglichen Nichts, einem Un-Etwas verworfen - womit es dann doch nur auf Widerruf ein „Mensch" war. Nach Agamben sind wir alle Homo sacer.

Der archaische Mechanismus, das nackte Leben als Rechtskörper erst zu produzieren, um es dann umso konsequenter vom eigenen Rechtssystem ausschließen zu können, ist die im modernen Rechtsstaat perfektionierte Biopolitik.

Agamben stellt fest, dass Biopolitik, indem sie den Menschen auf einen biologischen Nullwert zurückführt, das nackte Leben zum eigentlichen Subjekt der Moderne macht. Im modernen Rechtsstaat gibt es den Homo sacer nicht mehr als explizite Rechtsfigur, aber als Faktum ist er um so deutlicher gegeben: Es ist der Mensch, der keine Rechte mehr hat, über dessen Körper frei verfügt werden kann. Mit Agamben könnte man sagen: Der Homo sacer ist als aus dem Recht ausgeschlossene Rechtsfigur

---

3 Zur Erläuterung: Sacer bedeutet heilig, aber nicht das, was wir heute unter heilig verstehen. Heilig bedeutet hier: steht außerhalb des menschlichen Gesetzes, darf deshalb straflos getötet, aber darf nicht geopfert werden.

dadurch in das Recht eingeschlossen, dass das Recht ihm Recht verwehrt.

Aus dem Reich des Rechts wie aus dem der Religion ist der Homo sacer ausgeschlossen. Weil er aber straflos getötet werden darf, ist er als solcher in die Gemeinschaft zugleich eingeschlossen. Der Bann, mit dem er belegt wird, fixiert den Homo sacer in eine Zwischensphäre, einer Zone der Indifferenz von Opfer und Mord, von innen und außen, von Recht und Natur. Eben diese durch Ausschluss sich öffnende Dimension eines „nackten Lebens", über das diesseits von Recht und Religion souverän verfügt wird, ist die ursprüngliche Dimension des Politischen. Alle Politik, ob im Römischen Kaiserreich, im Absolutismus, im demokratischen Nationalstaat oder in der totalitären Diktatur, ist in diesem elementaren Sinne Biopolitik.

Agambens Analyse kommt zu dem vernichtenden Schluss, es bestehe eine „innerste Solidarität zwischen Demokratie und Totalitarismus". Er behauptet, dass abendländische politische Gemeinschaften nicht auf Gesellschaftsverträgen, also Einschluss, sondern auf „Bann", also auf Ausschluss, beruhen, und dass das Vernichtungslager – Auschwitz zuallererst und inbegriffen – das politische Paradigma der Moderne sei.

Die Antike und das Kirchenrecht bilden den Horizont einer nahezu zeitlosen biopolitischen Verdunklung Europas, deren bedrängendster Pol gegenwartsbeherrschend ist: das „Lager" als „biopolitisches Paradigma der Moderne". Selbst die Menschenrechtserklärung trägt den Gedanken des „Lebensunwerten" wie eine Kehrfigur in sich: „Es ist gleichsam, wie wenn von einem bestimmten Zeitpunkt an jedes entscheidende politische Ereignis ein doppeltes Gesicht angenommen hätte: Die Räume, die Freiheiten, die Rechte, welche die Individuen in ihren Konflikten mit den zentralen Mächten erlangen, bahnen jedes Mal zugleich eine stille, aber wachsende Einschreibung ihres Lebens in die staatliche Ordnung an und liefern so der souveränen Macht, von der sie sich eigentlich freizumachen gedachten, ein neues und noch furchterregenderes Fundament." „Das Lager und nicht der Staat ist das biopolitische Paradigma des Abendlandes" lautet der bittere Schluss. Das Leben, um das es hätte gehen können, ist ja dem Tod schon überantwortet, durch die Art und Weise, in der man hier die Frage nach der Entscheidung ‚für' oder ‚gegen' das Leben stellt.

> Das Vernichtungslager ist das Telos der Politik des Rechtsstaates.

Wenn das aber schon seit der Antike so ist, dann geht es hier um die politische Dimension des gesamten Alten Äons und dann können wir daraus wertvolle Hinweise auf das Neue Äon gewinnen.

Wir werden das Thema deshalb vertiefen, um besser zu verstehen, worum es geht. Im April 2002 erhielt die unheilbar kranke Britin Diane Pretty vom Europäischen Gerichtshof die Absage für ihren Antrag, sich rechtmäßig von ihrem Mann töten lassen zu dürfen. Er freue sich natürlich, dass er jetzt noch ein wenig länger mit seiner Frau zusammenbleiben könne, sprach der potenzielle Sterbehelfer in die Presse-Mikrofone; er - eine Marionette zwischen den Todeswünschen seiner Frau und der öffentlichen Moral - spiegelte die Absurdität, ja Obszönität, des gesamten Verfahrens. Absurd ist, dass hier eine todkranke Frau das Gesetz anruft, um für sich einen Status zu erbitten, in den wir nach Giorgio Agamben immer Gefahr laufen zu geraten: den Status des „Homo sacer", eines „nackten Lebens" das straffrei getötet werden darf.

Agambens Argumentation lässt sich in vier Schritten zusammenfassen.

Entwicklungsschritt	Charakterisierung
1. die politische Unterscheidung	Entgegensetzung von zoe, dem nackten Leben und bios, dem politischen Leben
2. der Souverän	er ist der, der den Ausnahmezustand erklären kann. Die Ausnahme und der Ausnahmezustand sind die Grundlage des Rechts und damit des Politischen.
3. Homo Sacer, der (heilige) Mensch	er ist der, der getötet aber nicht geopfert werden kann. Homo Sacer ist eine Ausnahme, wie der Souverän und somit Fundament des Politischen.
4. Biopolitik	Politisierung der Körper, Politik verrechtlicht den Körper (Beispiel: Habeas Corpus Act). Folge: zoe = bios, Politik wird Biopolitik und totalitär. D.h., jeder Mensch ist homo sacer, alle Politik Ausnahme. Uns bleibt das nackte Leben und das Lager.

Zusammenfassung der Argumentation Giorgio Agambens

Die Entwicklung zur Biopolitik

1. Er beginnt mit der aristotelischen Unterscheidung zwischen zoé, dem nackten, bloßen Leben, und bíos, dem politisch-gesellschaftlichen Leben. In dieser Unterscheidung sucht Agamben den Ursprung der abendländischen Politik - und findet den Ursprung einer Katastrophe. Den Begriff Politik sollten wir nicht mit dem verwechseln, was unsere Politiker treiben. Politik ist ursprünglich die Regelung des gemeinsamen Lebens in der

Öffentlichkeit. Öffentlichkeit ist alles, was außerhalb der Grenzen der engeren Familie stattfindet - insofern wir uns öffentlich betätigen, sind wir alle Politiker. Ein politischer Vorgang sei idealtypisch wie folgt skizziert: Eine Menge Menschen kommt zusammen, versammelt sich; spricht miteinander, berät sich; und einigt sich schließlich auf ein Gemeinsames. Ein solches Geschehen ist ein politischer Vorgang, die Menge aller politischen Vorgänge ist das Politische.]

2. Der zweite Schritt dient der Analyse der „Souveränität". „Souverän" kommt aus dem lateinischen, von superanus, über allen stehend. Man versteht darunter den Inhaber der Staatsgewalt, z. B. das Volk, das Parlament oder den Kaiser. Souverän ist, wer über den Ausnahmefall entscheidet und den Ausnahmezustand erklären kann, den Zustand in dem die gewöhnlichen Gesetze nicht mehr gelten. Die gültige Rechtsordnung wird aufgehoben, um eben diese Ordnung zu sichern. Das ist das Paradox des Ausnahmezustands. Wenn der Ausnahmezustand zur Regel wird, heißt er zum Beispiel Auschwitz oder Guantánamo Bay. Der Souverän konstituiert Gesetze, ohne ihnen selbst unterworfen zu sein - denn er kann ja jederzeit den Ausnahmezustand erklären. Der Souverän steht am Anfang und daher außerhalb der Norm und ist doch in der Form der „einschließenden Ausschließung" mit ihr verbunden. Agamben betont die paradoxe Struktur dieser „Schwelle", einer Sphäre, in der Recht und Gewalt, Regel und Ausnahme ununterscheidbar zusammenfallen. Eine parallele Figur zum Souverän findet Agamben am anderen Ende der Machtskala im „Homo sacer".

3. Der Homo sacer bezeichnete einen Menschen, der „getötet, aber nicht geopfert" werden kann. Eine Ausnahme ist also auch er, ein Todgeweihter, den wir vogelfrei nennen können. Dieser „Wolfsmensch" aber, sagt Agamben, steht nicht wirklich außerhalb, er bildet vielmehr das eigentliche Fundament des Politischen. Wir werden den „Souverän" und das „nackte Leben" nicht los. Im Gegenteil, die Demokratie „schafft das heilige

Leben nicht ab, sondern zersplittert es, verstreut es in jeden einzelnen Körper", die Ausnahme nährt auf eine fundamentale Weise die Regel.

Der 4. Schritt der Argumentation führt zurück zu zoé und bíos. Wieder erhebt Agamben einen historischen Rechtstitel – die „habeas corpus"-Akte[4] – zum logischen Paradigma. „Corpus ist das neue Subjekt der Politik", sagt er, was sich spätestens mit der Gründung der Nationalstaaten und dem Prinzip des Geburtsortes als Kriterium der Zugehörigkeit bewahrheitet. Politik stützt sich nun auf den Körper, zoé und bíos schieben sich ununterscheidbar zusammen.

Agambens eigentlicher Gedanke ergibt sich nun, indem er die Argumentationsschritte drei – die Ausnahme als Grundlage der Politik – und vier – Politisierung der Körper – verbindet: „Wenn Leben und Politik, die ursprünglich voneinander getrennt und durch das Niemandsland des Ausnahmezustands miteinander verbunden waren, dazu tendieren, identisch zu werden, dann wird alles Leben heilig und alle Politik Ausnahme." Mit anderen Worten: Politik wird als Biopolitik totalitär und produziert unablässig das „nackte Leben", das „Lager". Am Beispiel: Die Gefangenen in Guantánamo Bay sind weder Kriegsgefangene noch amerikanische Staatsbürger, deshalb rechtlos, homi sacris. Die Menschenrechte gelten nur für die Bürger der USA – nicht für Ausländer.

---

4   Die englische Habeas-Corpus-Akte (lat. habeas corpus – »du mögest den Körper haben«, im Sinne von »habhaft werden«, und engl. act - „(Einzel-)Gesetz", im Deutschen ungenau mit „Akte" wiedergegeben) wurde im Jahr 1679 durch König Karl II. erlassen. Habeas Corpus gilt als eines der modernen Freiheitsrechte und ist in jeder demokratischen Verfassung verwirklicht. Ein Untertan der englischen Krone durfte danach ohne gerichtliche Untersuchung nicht in Haft gehalten werden. Auch musste ihm der Grund der Verhaftung mitgeteilt werden. Dieses Habeas-Corpus-Recht wurde Bestandteil der Verfassung der USA. Das deutsche Grundgesetz hat das Habeas-Corpus-Recht in Artikel 104 GG, Absatz 2 und 3 festgeschrieben. Es gilt als grundrechtsgleiches Recht.
Das Habeas-Corpus-Recht wandte sich gegen die herrschaftliche Willkür und ließ in England erste liberalistische Tendenzen aufleben.

Die Gegenwart

Demokratien verletzen die rechtliche Ordnung, um die Ordnung im Ganzen zu erhalten. Schrittweise verlagern sie die Macht in den Apparat oder heben Teile der Rechtsordnung aus den Angeln, wie etwa durch den U.S. Patriot Act. Ist das nicht wieder ein Sonderfall? Nein, schreibt Agamben, auch wir Europäer leben längst nicht mehr in einer klassisch parlamentarischen Republik mit einem souveränen Parlament, sondern wir werden zunehmend von Verwaltungsmaschinen reguliert. Unsere Parlamente beschränken sich „darauf, von der Exekutive erlassene Verordnungen zu ratifizieren"[5].

Von der Demokratie zur Diktatur

Das heißt nicht, Demokratien verwandelten sich über Nacht in Diktaturen. Aber es entstehen Zonen von Unsicherheit und Unentscheidbarkeit, unklare Lagen zwischen Regel und Ausnahme. Eine Norm wird zwar nicht abgeschafft, aber ihre Geltung undeutlich, und dann dürfen sich Staatsbürger ihrer Rechte nicht mehr sicher sein. Schleichend geht das Gesetz des Handelns an die Exekutive über. Innenminister erwägen Sicherungsverwahrung, extralegale Tötungen oder die Anwendung eines Feindstrafrechts. Der Einfluss des Militärs wächst, die Abgrenzung von polizeilichen Aufgaben wird unscharf. Nach und nach gerät die „Ausweitung des Sicherheitsparadigmas" zu einer normalen Technik des Regierens. Präsident Bush, und das ist Agambens wichtigstes Beispiel, bricht das Völkerrecht und „schafft eine Lage, in welcher der Notfall zur Regel wird und

---

5   In Reaktion auf die Terroranschläge trat kurz nach dem 11. September 2001 der Patriot Act in Kraft. PATRIOT steht für Provide Appropriate Tools Required to Intercept and Obstruct Terrorism und das Gesetz ermöglichte die starke Ausweitung der Überwachungs- und Festnahmerechte von US-Sicherheitsbehörden. Das Gesetz ist seit seiner Verabschiedung immer mehr in Kritik geraten, da die ausgedehnten Überwachungsbefugnisse mit massiven Einschränkungen der (nicht nur amerikanischen) Bürgerrechte einhergehen. Gegenbewegungen hierzu gehen mittlerweile nicht nur von Bürgerrechtsorganisationen und der Bevölkerungen aus, sondern auch von führenden US-Politikern.

in der die Unterscheidung zwischen Frieden und Krieg sich als unmöglich erweist". Aber natürlich kennen wir die permanente Verschärfung des Polizei-, Ausländer- und Strafrechts auch in Deutschland.

Regel und Ausnahme

Wie eine böse Saat geht die Vermischung von Ausnahme und Regel auf und zernagt die Demokratien von innen her. Wir müssen uns nicht wundern, wenn die Menschenrechte prekär werden: weil sie - weit entfernt davon, allgemeingültige Prinzipien zu sein - nur im Zusammenhang mit den Nationalstaaten entstanden sind und nur von deren Gnade gelten. Kriege, wie derjenige in Ex-Jugoslawien, sagt Agamben, seien keine „Rückfälle", sondern „vorwarnende Ereignisse, die wie blutige Boten den nómos der Erde ankündigen".

Dass Agambens Analyse trotz ihres finster bedrohlichen Tones nicht vollständig paranoid erscheint, liegt daran, dass sie auf beeindruckend plausible Weise sowohl die Geschichte des 20. Jahrhunderts als auch die Logik von Kriegen, Konzentrations- und Flüchtlingslagern, medizinischen Menschenversuchen und „biopolitischen" Maßnahmen, etwa Gesundheitsverordnungen, erklären kann. Er zeigt, wie Staat und Medizin mehr und mehr zum Souverän der Entscheidung über Tod und Leben werden und er zeigt, warum unsere ganzen moralischen Debatten nichts weiter sind als fruchtloses Ornament. Hinter unserem Rücken setzt sich eine gesellschaftliche Logik durch, die zu analysieren zwar verdienstvoller ist, als sie zu bejammern - aber davon haben wir noch kein Gegenmittel.

Die Frage nach der „Biopolitik" ist die Frage danach, wie Politik ins Leben, in die Körper eingreift. Wenn sie es so tut, wie Agamben beschreibt, ist Politik alles und alles ist Politik.

Das Wesentliche ist, dass diese umfassende Politisierung und die Reduktion auf das nackte Leben nichts ist, dem sich ein Mensch entziehen kann. Es gibt keine Flucht, wir alle sind Homo sacer – nicht nur im Ausland, sondern, viel bedrohlicher, in unserem Heimatland. Das ist nicht einmal ein von einer Regierung gegen die Wähler gerichtetes Unternehmen: Die Wähler wollen es so! Erinnern wir uns an die erfolgreichen Wahlkämpfe unter dem Titel der inneren Sicherheit. Dieser Prozess ist eben kein Ausrutscher der modernen Demokratie, sondern er liegt an ihrer Wurzel – der Gesetzgebung, die, qua Gesetzgebung, immer schon den Ausnahmezustand impliziert.

Dass der Ausnahmezustand dabei fast zur Regel geworden ist, zeigt sich auch in dem Maß, in dem die Unterhaltungsindustrie oder die Werbung das nackte Leben und das Lager als Genre entdeckt: In den „Big Brother"-Containern der Medien formt sich aus zehn bis zwölf Durchschnittsleben ein Star. In den Sexdarstellungen der Werbung und der Medien werden mit der Verfügbarkeit des nackten Lebens, dessen Recht- und Wehrlosigkeit gespielt.

Wie geht es weiter?

Es stellt sich die Frage: Warum akzeptieren und unterstützen genau die Menschen, gegen welche die Entrechtlichung gerichtet ist, diesen Prozess? Darauf geben Kafka, Marx, Heidegger und Agamben Antworten – auf je verschiedene Art.
- Franz Kafkas Erzählung „Vor dem Gesetz": Eine offene Tür, dahinter: Leere. Ein Mann vom Lande begehrt Einlass, aber vergeblich, denn ein Hüter bewacht die Tür. Eine Szene zwischen zwei Menschen, einer Tür und dem Nichts. Der Hüter wendet keine Gewalt an. Seine bloße Anwesenheit sorgt dafür, dass es dem Mann unmöglich ist, durch die offene Tür einzutreten. So verharren beide, Hüter und Suchender, vor der offenen Tür. Ein Leben lang. Hinter der offenen Tür ist die Autorität des Gesetzes, vor der Tür der ausgelieferte Mensch, dem es, ohne dass ihm Zwang angetan wird, unmöglich ist

einzutreten und unmöglich ist wegzugehen. Kafkas Geschichte zeigt, dass die Unterwerfung unter gesellschaftliche Machtstrukturen nicht obwohl, sondern gerade weil sich im Innern der Macht nichts außer Leere - verbirgt, funktioniert. Die Geschichte hat einen bitteren Schluss, in dem die ganze Paradoxie der Szene sichtbar wird: Am Ende seines Lebens erfährt der wartende Mann, dass die Tür des Gesetzes nur für ihn allein offen stand. Der Hüter sagt dem Sterbenden: „Hier konnte niemand Einlass erhalten, denn dieser Eingang war nur für dich bestimmt. Ich gehe jetzt und schließe ihn".

- Marx zeigt, dass die Menschen keine selbstbestimmten Wesen, sondern „ökonomische Charaktermasken" sind. Sie sind keine Personen, sondern Personifikationen der ökonomischen Verhältnisse. Hinter diesen Charaktermasken steht kein eigentliches Ich, denn Person und Charaktermaske sind eins geworden. Kauft ein Mensch von einem anderen Menschen Zucker, so ist der eine ein „personifizierter Zuckerhut", der andere „personifiziertes Gold". Anders gesagt: Der Mensch denkt und handelt nur nach den Erfordernissen der Ware und des Kapitals - aber eben das hält er für seine eigene individuelle Entscheidung.

- Heidegger zeigt, dass es dem Menschen zunächst und zumeist nicht um sein Eigenstes geht, sondern er an die Welt, die Öffentlichkeit, die Alltäglichkeit und das Gerede verfallen ist. „Zunächst ‚bin' nicht ‚ich' im Sinne des eigenen Selbst, sondern die Anderen in der Weise des Man". Das Man ist der Jedermann. Das Man zeigt sich als die „Durchschnittlichkeit" der öffentlichen Meinung. Im Ausliefern an das Man begibt sich der Mensch, der nur bei sich selbst wäre, wenn er sein Sein selber in die Hand nähme, in die „Herrschaft der Anderen". Diese übernehmen seine Entschiedenheit des Daseins. „Nicht es selbst ist, die Anderen haben ihm das Sein abgenommen" - aber eben das hält es für seine eigene Individualität.

Der wesentliche Unterschied zwischen Marx und Heidegger ist, dass der Mensch bei Heidegger die Wahl zwischen eigentlichem und uneigentlichem Sein hat, er muss sich nur entscheiden. Die marxsche Charaktermaske hingegen hat keine Wahl, weil sie kein eigentliches Ich hat.

Das Problem ist: Beide haben recht! Der moderne Mensch hat kein Eigenstes, deshalb kein eigenes Ich - er funktioniert, das ist alles. Dennoch besteht die Möglichkeit der Entscheidung zur Eigentlichkeit, aber nicht aus eigener Kraft, denn dazu fehlt die Möglichkeit der Erkenntnis. Heidegger spricht vom Schicksal, vom Geschick des Seins, das ist das, was das Sein dem Menschen als Geschick schickt. Der Mensch hat die Möglichkeit, auf dieses Geschick zu hören oder es zu überhören. Das ist seine Entscheidung. Wenn er auf das Geschick hört, kann er sein Eigenstes finden, eine Singularität werden. Ohne hier in eine Exegese des Liber AL einzutreten, sei nur festgestellt: Das Liber AL sagt das Gleiche.

Emanzipation des Individuums

Agambens Antwort ist emanzipatorisch, deshalb eine nur indirekte Antwort. Er plädiert für eine Politik, die dem Menschen auf den Leib geschrieben ist, die hinter die Teilung in qualifizierte politische Existenz und bloßes Leben zurückgeht. „Ein politisches Leben", schreibt er, „ist allein ausgehend von der Emanzipation von dieser Spaltung, von der unwiderruflichen Abwendung von jeder Souveränität denkbar." „Politik als Lebens-Form" ist das Motto, das die Erfahrungen des biopolitischen Zeitalters in den Akt bewusster Inbesitznahme der eigenen politischen und biologischen Existenz umzudrehen sucht. Politik müsse Lebens-Form werden, um den Grund der souveränen Macht zu unterlaufen.

Heidegger, Marx, Agamben: Jeder erfasst ein Teil

Jede einzelne Antwort ist zu kurz gedacht, denn der Mensch ist unüberholbar eingelassen in die Dreifaltigkeit von Selbst, Gesellschaft und Staat:
- Heideggers Denken kreist um das Dasein, d. h. den einzelnen Menschen. Gesellschaft und Staat kommen bei ihm kaum vor. Heidegger weist uns darauf hin, dass wir nicht nur Biomasse sind, sondern Wesen, denen es in ihrem Sein um ihr Sein geht, um ihr eigenstes. Heideggers Anleitungen zur Eigentlichkeit treffen die Kernprobleme, aber lassen Gesellschaft und Staat außer Acht. Sie sind deshalb zu unvollständig, als dass man sie so wie von Heidegger angedacht wirklich realisieren könnte.
- Marx' Denken kreist um die Gesellschaft. Das Individuum und der Staat kommen bei ihm kaum vor. Marx zeigt uns, wie das „Kapitalsubjekt" uns hinter unserem Rücken bestimmt und auf Charaktermasken reduziert. Damit trifft Marx die Kernprobleme der Gesellschaft, aber das Marxsche Modell der Diktatur des Proletariats und des Übergangs zum Kommunismus kann die Probleme nicht lösen, denn es ist nur der Übergang zu anderen Herrschaftsformen und unterliegt Agambens Verdikt gegen den Rechtsstaat.
- Agambens Denken kreist um den Staat. Individuum und Gesellschaft kommen bei ihm kaum vor. Agamben zeigt, dass das Politische an einem grundlegenden und inhärenten Fehler leidet und trifft damit die Kernprobleme des Staates, aber er schlägt Lösungen vor, die eher rechtstheoretisch als praktisch sind.

Die Teilantworten zusammenfügen

Um unsere Situation vollständig zu bedenken, brauchen wir Heidegger, Marx und Agamben.
- Wir können uns selbst nicht verändern, ohne die Gesellschaft und den Staat zu verändern.
- Wir können die Gesellschaft nicht verändern, ohne uns selbst und den Staat zu verändern.
- Wir können den Staat nicht verändern, ohne uns selbst und die Gesellschaft zu verändern.

Wie wir sahen, spricht einiges dafür, dass die Gestalt, in der die Menschheit ihrer Vernichtung entgegen geht, die Gestalt des planetarischen Kleinbürgertums ist. Doch darin kann man auch eine in der Geschichte der Menschheit bislang unerhörte Aufgabe sehen, die sich diese um keinen Preis entgehen lassen darf.

Die Aufgabe, vor die wir gestellt sind, ist schwierig. Sie verlangt die Aufgabe aller Verhaltensgewohnheiten, für die wir programmiert sind; die Aufgabe aller Schemata, durch welche bisher die Welt erkannt, gewertet und erlebt wurde. Das ist die Aufforderung, Hals über Kopf in den Abgrund des Unbekannten zu springen.

Wie könnte man diese Aufgabe wahrnehmen?

Es müsste den Menschen gelingen, nicht mehr in der sinnlosen Gestalt des Man und der ökonomischen Charaktermaske ihre Identität zu suchen, sondern diese Uneigentlichkeit als solche anzuerkennen und anzunehmen, denn nur aus dieser Erkenntnis heraus haben sie eine Chance in ihr Eigenstes, ihre Einzigartigkeit oder Singularität, entkommen zu können. Dazu ist eine Entwicklung auf drei Ebenen notwendig:

- Singularität werden
- Gesellschaft verändern
- Staat verändern

Singularität werden

Der erste Schritt wäre die Geste eines ästhetischen Lebensstils, in Gemeinschaft, Spiel und Kunst, sub-versiv, anarchisch und konfliktual. Ästhetisch bedeutet u. a., dass nicht gerechnet wird. Der zweite Schritt zur Singularität ist: Beliebigkeit. Das Wort Beliebigkeit verweist auf Be-lieben, das was allgemein beliebt. Beliebigkeit ist weder ein Allgemeines, wie Mensch, noch ein in einer Serie enthaltenes Einzelnes (Element), wie ein Individuum - das Beliebige fällt aus allen Schemata heraus. Beliebigkeit meint Singularität, also Einzigkeit, als beliebige Singularität. Das Beliebige wird nicht wegen bestimmter Eigenschaften be-liebt, noch wird von diesen abgesehen, sondern es wird be-liebt so, wie es ist, in seinem So-Sein, mit allem, was es ist ohne Ausnahme. So verstandene Beliebigkeit ist die Überwindung der abgrenzenden und verdinglichenden Subjektivität.

Gesellschaft verändern

Der Ansatz dafür könnten hoch technisierte lokale Wirtschaftsgemeinschaften sein, die sich nicht in Profitstreben und Marktkonkurrenz aufreiben, sondern auf weitgehende Selbstversorgung, Tausch und Autarkie zielen[6]. Die Produktion muss von Ware auf Gebrauchswert und von Kapital auf <u>Bedarf umgestellt</u> werden. Das wird anfangs mehr eine Geste

---

6   Die Vertreter des Zeitgeistes glauben, dass Markt (Wirtschaft) und Gesellschaft (Soziales) zwei getrennte Sphären seien, dass Markt und soziale Fragen nichts gemeinsam haben. Die Wirtschaftsgemeinschaften, die Eschner anspricht, werden diese künstliche Trennung überwinden. Sie sind der antiken Polis nah verwandt, wo der Markt - Agora - der Marktplatz **und zugleich** der Ort der Philosophen war. Man erinnere sich, dass die Philosophen damals keine Akademiker waren, sondern die Vordenker der idealen Gesellschaft. (Anm. d. Hrsg.)

sein, als dass es tatsächlich funktioniert - aber selbst Gesten sind für den Kapitalismus gefährlich.

Staat verändern

Um den Ausnahmezustand und die Biopolitik zu überwinden, muss die Trennung des nackten Lebens von der Politik unterlaufen werden. Da das Selbst ein politischer Akt ist, kann es keine thelemische Entwicklung außerhalb des politischen geben. Dabei muss beachtet werden, dass es nicht möglich ist, die vorhandenen Herrschaftsstrukturen selbst für deren Abschaffung zu instrumentalisieren, d. h., durch die Gründung einer politischen Partei wäre, selbst wenn diese gewählt würde, keine Änderung zu erreichen. Das Politische muss außerhalb der parlamentarischen Strukturen als direktes mitmenschliches Handeln in thelemischen Gemeinschaften neu begründet werden: ohne Souverän und ohne Homo sacer, somit ohne Ausnahmezustand. Was dann bleibt, ist nur: Liber AL vel Legis III. 60: „Es gibt kein Gesetz, außer Tu was Du willst".

Marx, Heidegger und Agamben helfen uns, jeder von einer anderen Perspektive, die Funktionsweise von Mensch, Gesellschaft und Staat, d. h. der Welt in der wir leben, zu verstehen. Wer sich, die Gesellschaft oder den Staat nicht versteht, wird sich selbst verfehlen und den anonymen Prozessen der sozialen Systeme unterliegen. Menschen werden nur durch Mensch zu Menschen. Mensch kann man nur in einer menschlichen Gemeinschaft werden. Thelemit kann man nur in einer thelemischen Gemeinschaft werden.

Der Weg Thelema

Damit sind wir wieder bei Thelema.
- Das Eigenste eines Menschen, seine Singularität, ist sein Wahrer Wille.
- Die Thelemische Gesellschaft ist bestimmt durch „Liebe ist das Gesetz".
- Das Thelemische Staatsrecht ist: Es gibt kein Gesetz, außer Tu was du willst.

Woher können wir die Kraft und Kreativität nehmen, diese Aufgaben zu bewältigen? Was jetzt noch fehlt, sagte Heidegger uns am Anfang des Vortrages: „Nur noch ein Gott kann uns retten. Die einzige Möglichkeit einer Rettung sehe ich darin, im Denken und Dichten eine Bereitschaft vorzubereiten für die Erscheinung des Gottes oder für die Abwesenheit des Gottes im Untergang; dass wir nicht, grob gesagt ‚verrecken', sondern wenn wir untergehen, im Angesicht des abwesenden Gottes untergehen."

Nur noch ein Gott kann uns retten. Das weiß auch das Liber AL vel Legis, in I. 2 verkündet es „Die Entschleierung der Gesellschaft des Himmels."

Das Liber AL vel Legis zeigt sich am Ende unserer Analyse als ein konkreter, gangbarer Weg – es gibt keinen anderen. Wem diese Behauptung zu stark erscheint, der nenne eine Alternative.

In 100 Jahren?

Ich habe mich bisher nur auf einige Kernprobleme konzentriert, die essenziell für Thelema und das Neue Äon sind. Problembereiche wie Atomwaffen, Umweltverwüstung, Klimakatastrophen, Seuchen etc. habe ich sträflichst ignoriert. Wenn wir alle Problembereiche in Betracht ziehen, muss man die Frage, ob, und wenn ja, wie die Menschheit in 100 Jahren noch existieren wird, ernsthaft stellen. Aber das Thema ist nicht, wird die Menschheit in 100 Jahren noch existieren, sondern Thelema in 100 Jahren – und dieser Frage werden wir uns jetzt widmen. Betrachten wir dazu einige Zahlen aus dem Anfang des Alten Äons:

Jahr	Anzahl der Christen	Bevölkerungsanteil im Römischen Reich
40	1.000	0,0017
50	1.400	0,0023
100	7.530	0,0126
150	40.496	0,07
200	217.795	0,36
250	1.171.356	1,9
300	6.229.832	10,5
350	33.882.008	56,5

Anzahl der Christen im Römischen Reich von 40 bis 350 n. Chr. Die Gesamtbevölkerung betrug sechzig Millionen Menschen.

Mit einem Bevölkerungsanteil von 56,5 Prozent hatten die Christen gewonnen. Kein Kaiser konnte mehr gegen sie regieren. Das Christentum wurde Staatsreligion – und den Rest der Geschichte kennen wir.

Wie wird es Thelema ergehen? Um diese Frage zu beantworten, beantworte dir folgende Frage: Was wirst du in den nächsten Jahren und Jahrzehnten für Thelema tun?

Beantworte dir diese Frage! Hast du die Antwort? Dann hast du die Antwort auf die Frage: Thelema in 100 Jahren?[7]

Jahr	Anzahl der Thelemiten bei 4 Prozent Wachstum jährlich
2004	100*
2054	711
2104	5.051**
2154	255.075
2204	12.882.548

Tabelle: Wachstum von Thelema. * hypothetische Zahl. ** 5% Wachstum würden schon 13.150 Thelemiten ergeben.

---

7 Vortrag am 21.08.2004 anlässlich des Thelema Society Sommerfestes in Bergen/Dumme

Was war und was wird

Das Jahr 2015 christlicher Zeitrechnung ist zugleich das 111. Jahr einer neuen Zeitrechnung. Es beginnt das 111. Jahr des Wassermannzeitalters (oder auch: des Horus Äons). Was für ein biologisches Leben viel zu sein scheint, mehr als einhundert Jahre, das ist für ein Zeitalter sehr wenig. Denn das Horus Äon beendet die zweitausend Jahre der christlich geprägten Ära und ist selbst eine Epoche der Menschheit von zwei Jahrtausenden. Wir stehen ganz am Anfang dieser neuen Epoche. Was kennzeichnet dieses neue Zeitalter? Es bringt ein neues spirituelles Gesetz in die Welt. Das Gesetz ist in einer geheimnisvollen Formel enthalten und verborgen. Die Formel lautet „Thelema".

Das Gesetz Thelema

Thelema ist ein griechisches Wort und lässt sich mit Wille, Begehren übersetzen. Gemeint ist das ganzheitliche Wollen eines Menschen und das Gegenteil dazu wäre, wozu jemand Lust oder „Bock" hat oder was jemand mag. Was wir mögen und was wir ablehnen, ist meist zufällig in der Kindheit angelegt worden. Thelema taucht erstmals im Neuen Testament auf, dort bezeichnet es den Willen Gottes. Thelema ist daher der Heilswille des Menschen, sein Wille, heil und ganz zu werden - der Wille, Gott zu werden.

Eine wohlintegrierte Persönlichkeit - das Ideal des Menschlings, der in den Sozialstaat konditioniert ist und in der Gesellschaft gut funktioniert - kann mit Thelema nichts anfangen. Denn Thelema ist der Heilswille, der Wille, sich selbst zu heilen. Thelema ist der Wille, göttlich zu werden. Das ist ganz praktisch die Aufforderung, die Gottheit zu suchen und sich damit zu vereinigen, um selbst gottgleich zu werden. Thelema ist also, und das muss immer betont werden, nicht nur ein Wort, sondern eine Lebenspraxis. Die Gnosis beschrieb den Weg zum gottgleichen

Menschen, die Kabbalah zeichnet die Entwicklung auf. Die tantrische Tradition des Ostens weist auch diesen Weg. Thelema ist der Weg der Vervollkommnung in der Gegenwart.

Thelema als Antwort auf den Nihilismus

Thelema gründet sich auf das „Liber Legis" („Buch des Gesetzes"), wie es von Aleister Crowley im Jahre 1904 von einer diskarnierten Intelligenz namens Aiwass empfangen wurde. Das Buch versteht sich als die Bibel des Neuen Äons und begründet damit die Spiritualität des Neuen Äons: Thelema. Thelema können wir somit als Nachfolger der Religion des Alten Äons, des Christentums ansehen. Diese Nachfolge ist meines Erachtens ambivalent: Es ist sinnvoll, sie zu benennen, um den stolzen Anspruch von Thelema zu zeigen und um das kulturstiftende Potenzial anzudeuten. Zugleich wäre es verhängnisvoll, Thelema als Gegen-Kirche aufzufassen (die Lesart der Inquisition namens „Sektenbeauftragte"). Das Christentum hat nichts mehr übrig, was irgendein vernünftiger Mensch als Basis seines Dagegenseins nehmen könnte oder wollte! Nein, die Christen hüten die verwesenden Reste ihres toten Gottes. Immanuel Kant hat diesen Gott mit wissenschaftlicher Strenge und Endgültigkeit erledigt, Friedrich Nietzsche hat den Verwesungsgestank beim Namen genannt, seither ist da nur das Nichts des Nihilismus. Thelema tritt in eine Lücke der Leere der Seinsvergessenheit – das ist mit „Nachfolge" gemeint.

Thelema von Crowley bis heute

Aleister Crowley ist 1947 gestorben. Crowley hat im Jahr 1904 das Buch des Gesetzes (Liber L vel Legis) gechannelt und war in den Folgejahren der erste Prophet von Thelema. Die thelemische Bewegung hat sich seit Crowleys Tod auf der ganzen Welt verbreitet. Wer heute im Internet unter dem Stichwort „Thelema" oder „Crowley" sucht, bekommt hunderttausende Treffer. Vieles davon ist Geplauder, nun gut. Wer eine detaillierte Stichprobe will: Jeder kann im Internet die Abrufstatistik jedes Artikels jeder Sprachversion der Wikipedia einsehen. Man kann ablesen, wie häufig der Artikel zu Aleister Crowley in der deutschen und in der englischen Wikipedia abgerufen wurde, oder der Thelema Artikel, usw. Die Zahlen zeigen, dass Deutschland im Hinblick auf die Popularität Thelemas ein Entwicklungsland ist, nicht nur verglichen mit der englischsprachigen Welt, sondern auch verglichen mit der französischen Version und zuallererst zeigen das die absoluten Zahlen.

Wer kennt die wahre Lehre?

In den Jahren seit Crowleys Tod zersplitterte Thelema in verschiedene Gruppierungen. Sie lieferten sich teilweise erbitterte Fehden um die wahre Lehre und das richtige Verständnis. Jede beansprucht, der wahre Erbe von Aleister Crowley zu sein und den Schlüssel zum höchsten Mysterium zu besitzen. Die Entwicklung ähnelt insofern dem Zustand des Christentums in den ersten Jahrhunderten nach Christus. Kaum hat jemand die ersten Erfahrungen auf seinem Weg gemacht, will er sein Revier markieren und gegen andere Überzeugungen verteidigen. Das ist völlig normal. Warum? Das ist ganz einfach: Jedes Äon muss seine Ausprägung erst finden und alles Neue muss sich erst bewähren. Auch dieses Neue Äon des Horus (Wassermannzeitalter) bleibt davon nicht verschont.

Thelema ist subversiv

Es scheint mir daher fruchtbar, die Entwicklung von Thelema als Rhizom[1] zu verstehen. Der Gärtner kennt Rhizome als die

---

1 ausführlich in: Thelema - die frohe Botschaft. MultiWelt 2013

Wurzelgeflechte von Pflanzen, die du nie mehr los wirst, wenn du sie einmal wachsen lässt.

Bambus oder Giersch verbreiten sich so. Durch die französischen Dekonstruktivisten (Baudrillard, Deleuze, Derrida u. a.) wurden Rhizome als soziologisches Phänomen untersucht. Dann sind Rhizome nichthierarchische, nichtlokalisierbare Kommunikationsprozesse, in denen verlorene Teile überall nachgebildet werden. Also ebenfalls unausrottbar, aber so ein Phänomen ist nicht einmal unter der Erde zu finden, wie das bei den Pflanzen noch der Fall ist, die den Gärtner zur Verzweiflung treiben können. Nicht zu orten sind Rhizome, weil sie nicht örtlich, nicht ortsgebunden und nicht an eine Institution gebunden sind. Wer von außen sucht, kriegt diese Phänomene kaum auf den Radar. Und dennoch wirken sie ganz real in der Welt der Menschen. Wer rhizomorphe Prozesse für suspekt hält, der kann einige ähnliche Elemente in Konzepten des Guerillakampfes finden.

Die Geschichtslektion. Thelema und die Welt

Die folgende Geschichtslektion soll aber nicht nur Darstellung der jüngeren Geschichte und der Gegenwart sein. Sondern sie soll auch aufklären. Denn die Hetzjagd gegen Thelema erfordert Klärung. Es ist seit 30 Jahren das gleiche Geseier wie in der Inquisition im Mittelalter, aber es wirkt, weil mancher Neugierige nach den Hetz- und Drecksschriften kein Interesse an Vertiefung des Themas hat. Der Schund kommt von einer Handvoll Leute, die in ihrer Kirche Karriere machen wollen, und von einigen Journalisten mit dem Charakter eines Wurms, aber einem bekannten Arbeitgeber. – Doch was soll's. Ich will nicht jammern. Wie sagt der griechische Weise? „Alles Große steht im Sturm."

Der Beginn eines neuen Äons

Das dritte Kapitel des Liber Legis beschreibt die Charakteristiken der Periode, in welche wir jetzt eingetreten sind. Oberflächlich betrachtet erscheint diese Zeit schrecklich. Da ist von Krieg und gewaltsamen Auseinandersetzungen die Rede. Es gibt im Liber Legis keinen „sauberen Krieg", sondern es geht im Detail um das Einhauen auf den Gegner. Einige der vorhergesagten Katastrophen sind bereits eingetreten - zum Beispiel wurden im Liber Legis der Zweite Weltkrieg und der Kalte Krieg vorhergesagt; andere sehen wir mit großer Klarheit vor uns. Das Liber Legis aber sagt uns, fürchtet nichts, fürchtet „weder Menschen noch Schicksale noch Götter".

Was ist eigentlich gemeint, wenn wir von einem neuen Zeitalter sprechen? Es geht dann um qualitative Veränderungen der Menschheit. Man braucht sich nicht vorzustellen, dass den Menschen ein dritter Arm wächst oder Ähnliches, nein, es ist einfacher als eine Mutation aber auch fragiler. Ein neues Zeitalter bedeutet eine neue Kultur, denn Kultur ist das, was eine Gesellschaft ausmacht, zusammenhält und verbindet. Wieso also die eben angesprochenen Kriege und Gewalt? Es geht nicht um ein durch und durch harmonisches Paradies, wo Löwe und Lamm beieinanderliegen. So eine Fiktion kann es nicht wirklich geben. Das Neue bedeutet Zerstörung des Alten und diese Zerstörung war und ist auch gewaltsam und grausam. Jedoch ist Katastrophenstimmung hinderlich, weil wir damit die Destruktion überbetonen würden und die Chancen verpassen, die Welt zu erneuern.

Untergang der Antike - Beginn des Alten Äons

Ich möchte auf eine ähnliche Epoche des Umbruchs im Alten Äon hinweisen: Im 3. Jahrhundert zerfiel das Römische Reich und seine Kultur, Wirtschaft und Sozialordnung wurden zerstört. Ganz Europa fiel zurück in die Naturalwirtschaft. Die Masse der

Europäer darbte in bitterer Armut, jeglicher Handel kam fast ganz zum Erliegen, man hatte nur zu fressen, was man selbst anbaute oder erbeutete. Weil dem Staat das Geld (Edelmetall ist nicht wie Papiergeld jederzeit lieferbar) ausging, wurde weniger Sold gezahlt und die Legionen Roms waren bald nicht mehr das, was sie mal waren. Sondern aus dem stolzen Legionär wurde ein Milizsoldat und Selbstversorger. Militärisch war das verhängnisvoll. Als Hilfe in der Not nahm man die barbarischen Nachbarn in Dienst. Sie halfen vorerst, das Reich gegen die nicht romanisierten Wilden zu verteidigen, aber die Sache hatte einen Haken: Die helfenden Krieger von eben waren als neue barbarische Herren ins Reichsgebiet gezogen, als man ihnen statt Sold Land zuwies (oder sie sich das nahmen). Man schaffte die letzten Steuern ab, aber dabei brach auch der Rest zentralstaatlicher Organisation und Verwaltung weg. Erst fünfhundert Jahre später begann in Europa wieder der Silberbergbau und es dauerte nochmals dreieinhalb Jahrhunderte, bis Geld, Handel und Wohlstand wieder blühten.

Noch im Jahre 1240 finden wir diese Dürftigkeit der Reiche und eine mit der Subsistenzwirtschaft zusammengehende Armut und Einfachheit, die heute höchstens in der Dritten Welt angenommen wird. Die Last, die die jährlichen Kriegsaufgebote für das Land bedeutete, können wir noch im 13. Jahrhundert - also 900 Jahre nach dem Niedergang des Römischen Reiches! - ahnen. Der Kaiser Friedrich II. verhandelt persönlich über 18 Ritter, die einer seiner Vasallen zu stellen hat. Hans Delbrück schreibt, dass „... im Jahre 1240 Kaiser Friedrich II. von seinem Justiziar in Ferre Idronti verlangte, dass er die Lehnsleute seines Bezirks nach ihrer Leistungsfähigkeit aufbiete, dieser aber die größten Schwierigkeiten damit hatte: 18 Belehnte (feudatorii) täten bereits Dienst; der Rest aber sei so reduziert, dass er so bald nicht ausgerüstet werden könne (adeo imminuta erat, quod tam cito non poterat praepari). Achtzehn (nicht mehr als 18!) wurden schließlich, indem man ihnen Subsidien gab, ausgerüstet aus einem Bezirk so groß, dass der Kaiser in direkter Korrespondenz mit seinem Vorsteher stand."[2]

Dieses Beispiel verdeutlicht, was für ein Trümmerhaufen die Feudalreiche waren nach dem Zusammenbruch des römischen Weltreichs. Das Alte Äon war vom Jahr 0 bis zum Jahr 1000 alles andere als blühend, sondern da war so gut wie nichts mehr übrig von der blühenden reichen Menschenwelt des Imperium Romanum. Das müssen wir mitdenken, wenn wir die hohen Leistungen dieses Äons bewerten wollen. Und wir sind jetzt gewappnet, um die Anfänge des neuen Zeitalters nüchterner in den Blick zu nehmen.

Untergang des Abendlandes - Beginn des Horus Äons

Der Gott Horus wird als ein auf einem Thron sitzender falkenköpfiger Gott symbolisiert. Horus regiert die im Jahre 1904 begonnene, gegenwärtige Periode von etwa 2.000 Jahren. Überall schlägt seine Herrschaft Wurzeln. Und was wir heute wahrnehmen, sind sowohl Anfänge des Neuen wie auch die letzten Ausläufer des Alten.

Beobachte selbst die Zersetzung des Begriffs Sünde und auch die Zersetzung der Empfindung für Schuld. Man kann das Wort „Schuld" verwenden, ohne Schuld zu empfinden - vor 150 Jahren war diese Distanzierung kaum vorstellbar. Wo keine Schuld mehr empfunden wird, ist es der Anfang vom Ende des Konzeptes von Schuld, Buße und Sühne, das ist das Ende der christlichen Moral. Was finden wir stattdessen? Ein Wachstum von Unschuld und Verantwortungslosigkeit. Auffällig an unserer Zeit ist auch das kindähnliche Vertrauen in den Fortschritt, verbunden mit der gespenstischen Furcht vor der Katastrophe, gegen die wir trotzdem nicht willens sind, Vorsichtsmaßnahmen zu ergreifen. Das staatliche Fernsehen oder die gestandenen „seriösen" Tageszeitungen trimmen ihre Nachrichten in

---

2 H. Delbrück, Geschichte der Kriegskunst. Das Mittelalter

euphorische oder hysterische Richtung, wie das vor zehn Jahren nur im Boulevardjournalismus üblich war. Alles wird zur Sensation, das Wetter, der Börsenhandel, ein Fußballspiel, ein Gespräch Zuhause oder in der Öffentlichkeit. Bedenken wir auch das Hervortreten von Diktaturen, die nur möglich sind, wenn moralische Erkenntnis in den frühesten Anfängen ist. Der schleichende Übergang von Demokratie zur Diktatur wurde in „Thelema in 100 Jahren" aufgezeigt. Die Zeitschrift „The Economist" überschrieb ihren letzten Demokratie-Index mit „Democracy at a standstill" - Demokratien sind weltweit die Minderheit, gegenüber autoritären Systemen und Diktaturen. Bedenke auch das Vorherrschen der infantilen Kulte, wie Kommunismus, Faschismus, Pazifismus, Okkultismus, in fast allen Formen, das Sektenwesen und die Religionen, sentimentalisiert praktisch bis zum Punkt des Untergangs.

Oder denken wir an die Popularität des Fernsehens. Wie dominant ist dieses Medium in der Gegenwart! Einige Jahre malten die TV-Sender düstere Zukunftsbilder - Monat um Monat trieben sich mehr Zuschauer im Internet herum, statt fernzusehen. In den Fernsehstudios malten sie eine gruselige Zukunft: In einigen Jahren würde kein Mensch mehr fernsehen! Aber es kam anders. Zum einen sehen viele Internetnutzer Videos an. Und ob darunter redaktionelle TV Sendungen sind oder Laiensendungen, ist nebensächlich geworden, da der Zuschauer mit Werbung noch besser erreicht werden kann und außerdem „online" viel genauer vermessen wird als damals vor der ollen Glotze. Zum anderen kommen die Sender über Apps wieder ins multimediale Wohnzimmer, und nun sogar Geräte übergreifend.

Was ich eben am Beispiel des Fernsehens ansprach, gilt im Ganzen für die Unterhaltungsindustrie. Wir finden da die Fußballspiele und die Sportwetten, die Toto- und Lottospiele und unzählige Quizsendungen. Das sind alles Unternehmungen zur Beruhigung aufsässiger Kinder: Brot und Spiele. Brot und Spiele war schon im Römischen Reich die Kurzformel der Herrschaft in und auch über ein Volk, das unterhalten werden wollte. Menschen wurden als Konsumenten (Brot) und Zuschauer (der Spiele in der Arena) angesprochen und der Kaiser war beliebt, zumindest vorübergehend. Und heute? Ob Straßenfest, Dorffest, Stadtfest, Maifeier oder Einführung eines neuen Modells im Autohaus - Bratwurst, Bier, ein Preisausschreiben und Musik sind die Zutaten jedes dieser „Feste". Außerdem gehört der Fernseher zur Grundausstattung nach Hartz IV.

Und es geht noch weiter. Wir finden Auswirkungen eines neuen Zeitalters auch im Sport. Ob du selbst Sport treibst, interessiert die Nation nicht (aber es ist schön, wenn du dich damit wohlfühlst). Wichtig ist der Sport, der von den Helden des Sports betrieben wird - weil es heute nirgends sonst noch welche gibt. Nur im Sport kann manch eine(r) für eine Saison oder gar für Jahre zur Heldenfigur werden, zum Fixpunkt medialen Interesses und der Sympathie. Der Profisport ruft kindische Enthusiasmen und Erregungen hervor, denken wir an Fußball: Wenn Fußball Weltmeisterschaft ist, spielt nicht die DFB-Mannschaft, sondern da stehen „Wir" auf dem Rasen und ringen um den Endsieg, den Pott. Ob Fußball, Radsport, Tennis oder Formel 1, ganze Nationen können sich über Dispute zwischen pubertierenden Kindern erregen.

Die Welt ist voller Krieg und gewaltsamer Konflikte, und die lassen uns unbewegt und kaum besorgt. In den letzten Kriegstagen des Zweiten Weltkrieges wurde Churchill gefragt, ob die britische Regierung vorgesorgt habe, dass sie die Fehler nach dem Ersten Weltkrieg nicht wiederhole. Churchill: „Ich bin ganz sicher, dass wir die alten Fehler nicht wiederholen werden. Wir werden aber aller Voraussicht nach eine Menge ganz neuer Fehler machen ...". Er hat recht behalten. Im Jahr 2011 fanden auf der Welt 20 Kriege statt. Das ist weniger als im Jahr 1993, wo weltweit 16 Kriege festgestellt wurden. Doch hat die Bilanz dennoch etwas Unheimliches: 2011 gab es 388 Konflikte, darunter 38, die Politikwissenschaftler als „hochgewaltsame Konflikte" bewerten.

20 davon zählen sie als Kriege. Zwischen 1945 und 1972 liegt die Zahl der Toten nach UNO Angaben bei zwanzig Millionen.

Um die bisherige Bilanz zusammenzufassen: Die modernen Menschen sind wie abgestumpfte passive Kinder! Über uns hängt eine Gefahr, wie sie in der Geschichte keine Parallele hat. Die Atombomben und biologischen Waffen in den Arsenalen der Großmächte reichen zum mehrfachen Overkill und das trotz Ende des Kalten Krieges. Alles, was die Atommächte zur Konfliktminderung tun, ist, alle paar Jahre ein anderes armes Land mit geopolitischer Bedeutung auszumachen und in die Steinzeit zurückzubomben. Die Kriege in Irak wie Afghanistan dienten offiziell der Erhaltung des Friedens. Außerdem sind die Beschaffungskosten für Massenvernichtungswaffen drastisch gesunken - Viren oder Chemikalien können zur Waffe werden. Außerdem braucht man selten Waffengewalt, denn die Menschen sind so ängstlich, dass sie für jede Drohung und Erpressung anfällig sind.

Überall ist Begrenzung. Es braucht das Brot und die Spiele, um den Verbotsschilderwald zu kompensieren und die Entmündigung vergessen zu lassen. Wir alle werden wie schwachsinnige Kinder behandelt. Die Steuergesetze, die Verkehrsgesetze und die überbordende Dressur - alle fünfundzwanzig Meter Straße steht in Deutschland ein Verkehrsschild. Ladenschluss, Mülltrennung, Schulzwang ... egal was, die Bürokraten trauen uns nicht einmal zu, die Straße selbstständig zu überqueren. Warum lässt du dir das eigentlich gefallen? Bist du ein Mensch? Dann vergegenwärtige dir: Gegen den heute vorbereiteten Massenmord waren Auschwitz und Dachau Kinderspielplätze. Der Holocaust, der heute vorbereitet wird, betrifft nicht „nur" 6 Millionen Menschen, sondern 6 Milliarden.

Das Individuum wird auf immer mehr Arten unterdrückt. Gedanken bewegen sich nur noch in der Sprache der Masse. Der Krieg tötet nicht länger Soldaten, er tötet unterschiedslos alle. Jedes neue Gesetz, jede neue Verordnung und jede weitere

Vorschrift der demokratischen sowie der diktatorischen Regierungen ist einschränkend.

Die Etablierung des Gesetzes von Thelema ist der einzige Weg, die individuelle Freiheit zu bewahren, die Zukunft der Menschheit zu sichern und deine persönliche Entwicklung zu vollenden.

Tu was Du willst, sei das ganze Gesetz
Liebe ist das Gesetz, Liebe unter Willen

Die Prophezeiungen über das Dunkle Zeitalter[3]

Die hier dargestellten Prophezeiungen sind ca. 3000 Jahre alt – um ein halbwegs seriöses Datum zu nennen, manche meinen, sie sind 30.000 Jahre alt und manche nennen sie noch älter. Wer sie liest, findet eine genaue Beschreibung der modernen „normalen" Welt. Vielleicht verhilft dieser Hinweis auf das Wirken höherer Mächte manchem zu etwas mehr Erkenntnis. *Die Einfügungen in Klammern sind Erläuterungen, die nicht zum Originaltext gehören.*

„Sklavengeschlechter, Kastenlose und Barbaren werden zu Herren der Ufer des Indus, des Dárvika, des Canbrabhágá und des Káshmir (die Kolonialherrschaft) ... Die Führer (dieses Zeitalters), die (dann) als gewaltsame Herren über die Erde herrschen, ... werden sich der Güter ihrer Untertanen bemächtigen. Da sie ohne echte Macht sind, werden die meisten rasch aufsteigen und ebenso rasch wieder abstürzen. Kurz wird ihr Leben sein, unersättlich ihre Begierden, und gnadenlos werden sie selbst sein. Die Völker der anderen Länder werden sich mit ihnen vermischen und ihrem Beispiel folgen.

Die vorherrschende Kaste wird die der Knechte sein (der Plebs, die Herrschaft des Volkes). Die Besitzenden (vaicya, die Händler) werden Ackerbau und Handel aufgeben und davon

---
3   aus dem Vishnu Purana, einem der achtzehn Mahapuranas, den ältesten religiösen Texten des Hinduismus

leben, dass sie zu Knechten werden oder mechanische Berufe ausüben (Proletarisierung und Industrialisierung).

Die Führer werden, statt ihre Untertanen zu beschützen, sie ausrauben und unter dem Vorwand von Steuern der Händlerkaste das Eigentum plündern. (Krise des Sozialstaates, Verstaatlichung und Kommunismus.)

Die (innere) Gesundheit und das Gesetz (das der eigenen Natur entspricht: svadharma, der Wahre Wille) werden von Tag zu Tag mehr geschmälert werden, bis die Welt vollkommen verdorben sein wird. Nur das Vermögen wird den Rang bestimmen. Die Gesundheit (körperliche Entspannung) wird der einzige Beweggrund für Hingabe sein, die Lust das einzige Bindeglied zwischen den Geschlechtern, die Falschheit der einzige Erfolgsweg im Wettstreit.

Die Erde wird nur wegen ihrer mineralischen Schätze als wertvoll erachtet (Ausbeutung des Bodens, Umweltverschmutzung, Untergang einer sakralen Auffassung der Erde).

Die priesterlichen Gewänder werden an die Stelle der priesterlichen Werte treten. (...) Schwäche wird der einzige Grund für Abhängigkeit sein (Feigheit, Untergang der fides in den modernen politischen Formen, Bindungsangst, Singlehaushalte). (...) Eine einfache Waschung (ohne die Kraft des wahren Ritus) wird schon Reinigung und Läuterung bedeuten. Von Ungläubigen irregeführt, werden die Menschen fragen: Welche Autorität besitzen die traditionalen Texte? Wer sind diese Götter, was ist das geistige Übermenschentum (Erleuchtung)? Die Achtung vor den Kasten, vor der Ordnung und den (traditionalen) Institutionen wird im Dunklen Zeitalter verschwinden. (...)

Die Ehen in diesem Zeitalter werden aufhören, ein Ritus zu sein, und die Gesetze, die einen Schüler an einen geistigen Meister binden, werden keine Kraft mehr haben. Man wird glauben, dass jedermann auf jedem Weg den Zustand des Wiedergeborenen wird erreichen können (die Demokratie auf die Ebene der Spiritualität angewendet); die Glaubenshandlungen, die noch ausgeübt werden können, zeigen keine Ergebnisse mehr.

Die Lebensweise wird für alle unterschiedslos die gleiche sein. Wer am meisten Geld verteilt, wird die Menschen beherrschen (Wahlgeschenke der Parteien an ihre Wähler), und die Herkunft der Familie wird keinen Vorrang mehr bedeuten (Zerstörung der Familien durch den Sozialstaat). Die Menschen werden ihr gesamtes Interesse der Erlangung - auch auf unehrlichem Wege - von Reichtum zuwenden. Jede Art von Mensch wird sich einbilden, einem bráhmana gleich zu sein (Brahmane: in Indien ein Angehöriger der obersten Kaste). Das Volk wird mehr als je zuvor Angst vor dem Tode haben und die Armut fürchten: Nur deshalb wird es den Himmel belassen (die religiösen Überreste sind Gefühlsduselei).

Die Frauen werden den Ehemännern und den Eltern nicht gehorchen. Sie werden eifersüchtig, verworfen, unbeständig und lügnerisch sein, und wenn sie sich an Männer binden, werden diese Frauenhelden sein. Sie werden zu einfachen Objekten sexueller Befriedigung werden.

Die Gottlosigkeit wird bei den von Irrlehren verführten Menschen den Sieg davontragen, und die Dauer ihres (geistigen) Lebens wird folglich kürzer sein.

Wenn die von den traditionalen Texten gelehrten Riten und die Einrichtungen des Gesetzes zu bestehen aufhören werden und das Ende des Dunklen Zeitalters nahe ist, dann wird ein Teil des göttlichen Wesens, das aus seinem eigenen spirituellen Sein heraus besteht, gemäß der Eigenschaft des Brahman, das Anfang und Ende ist, zur Erde niedersteigen ... es wird die Gerechtigkeit auf Erden wiederherstellen: und die Geisteskräfte derer, die am Ende des Dunklen Zeitalters leben, werden erwachen und kristallene Klarsicht besitzen. Die so durch diese besondere Zeit gewandelten Menschen werden gleichsam der Same für Menschenwesen sein und ein Geschlecht gebären, das die Gesetze des Urzeitalters (krta-yuga) befolgen wird" (Thelemiten gehen durch den Irrsinn der „Normalität" hindurch; die Gesetze des Urzeitalters sind die Lehren der Gnosis).

Interessanterweise heißt es, dass das Geschlecht, in dem das göttliche Prinzip wiedergeboren wird, eines aus Shambala sein wird. Shambala ist eine geheimnisvolle Stadt, ein Ort wie Thule und Avalon. Manche sagen, es wäre ein innerer Ort. „Wählet euch eine Insel! Befestigt sie!", trägt uns Ra Hoor Khuit auf. Shambala verweist auf einen solaren Kult, wie der thelemische einer ist.

Eine zweite Achsenzeit

Den Übergang vom Isis- zum Osiris Äon markierte die Achsenzeit - ein vom Philosophen Karl Jaspers (1883 - 1969) geprägter Begriff für die Umbruchphase 800-300 v. Chr. Am Übergang vom Osiris- zum Horus Äon ist ein ähnlicher Umbruch anzunehmen, ein eruptives Ende des Alten und das Heraufdämmern einer anderen Welt. Es spricht einiges für eine ‚zweite Achsenzeit'. Und wir Heutigen leben in ihr.

Sind die beiden Weltkriege, maschinell verstärkter millionenfacher Tod, vielleicht die Antworten der Gegenwart auf das, was alte Mythen als die Zerstörung der Welt und Göttersterben ahnten? Oder auf das, was der Seher Nostradamus in seinen Prophezeiungen beschrieb?

Ist das Zeitalter der Technik, in dem die gesamte Erde dem Willen des Menschen unterworfen wird und einzig die Frage der Machbarkeit den Horizont des Möglichen absteckt, wo der hungrige Wille sich immer neue ehrgeizige Ziele setzt ... ist dieses Zeitalter vielleicht der archaische Aspekt des Willens, der sich nicht selbst reguliert? Vielleicht lernen wir erst auf diese unbändige Art, wohin Wille ohne Liebe führen kann. Oder dass die Schlange, die ihren Schwanz frisst, daran zugrunde gehen kann.

Sind die Erfindung von Automobil, Telefon und Radio nicht Errungenschaften, mit denen wir Menschen unsere Möglichkeiten weit über das hinaus entwickelt haben, was die Antike den Göttern zusprach?

Sind die USA vielleicht nicht zufällig die treibende Macht der Gegenwart, sondern deshalb, weil sie unbelastet vom Alten Europa die ganze Welt kulturell, technisch und politisch gestalten können? Und weil dieses Vermögen gleichbedeutend damit ist, dass sie es tun? Vielleicht ist gerade das politisch-militärische Schwanken zwischen kühler Machbarkeit und missionarischem Sendungsbewusstsein derzeit ohne Alternative, wenn es um die Schaffung einer globalen Kultur geht.

Ein Leben ohne Internet ist für die meisten heute kaum denkbar. Das Internet kann als wild wuchernde Vorform der Vernetzung von Menschen, Gegenständen und Computern angesehen werden, was derzeit unter dem Begriff „augmented reality" forciert wird. Vielleicht führt uns erst diese Entwicklung in kritische Fragen wie: „Was ist der Sinn meines Lebens?" oder „Worin liegt meine Freiheit?" Vielleicht ist erst die Welt der Zukunft die Welt, in der diese Fragen als lebensentscheidende Krisen die je eigene Antwort erfordern und nicht in akademischem Aufrühren alter Theorien versacken.

Ragnarök

Steht zu der Stunde
ein Unsterblicher auf,
der das Sterben geschmeckt hat
und stirbt darum nicht mehr,
der Schlangentöter,
der Spross Odins,
dann endet nicht alles,
die Erde vergeht nicht.
J.R.R. Tolkien, Die Legende von Sigurd und Gudrún

Die 2 Formeln des Gesetzes Thelema

Das Gesetz von Thelema teilt uns das Liber L vel Legis in zwei trügerisch einfachen Formeln mit:
1. Tu, was Du willst, sei das ganze Gesetz.
2. Liebe ist das Gesetz, Liebe unter Willen.

1. Formel: Tu was Du willst

"Tu, was Du willst" hat Aleister Crowley erläutert als die Aufforderung, sich mit seinem Heiligen Schutzengel zu vereinigen. Doch wer Crowleys Schriften nicht kennt, dem sagt das noch nicht viel. Der zentrale Begriff in der Aufforderung „Tu, was Du willst, sei das ganze Gesetz" ist der Begriff des Wahren Willens. "Tu, was Du willst" heißt, etwas langatmiger ausgedrückt, finde Deinen Wahren Willen, dann handle nach diesem Willen. Der Wahre Wille unterscheidet sich von den gewöhnlichen Launen dadurch, dass er eine Bewusstseinsstufe ist, in der der Mensch seine Handlungen nicht, wie es gerade kommt, beliebig und ohne Reflexion aneinanderreiht und damit wie ein Blatt im Winde der Geschehnisse flattert, sondern der wahre Wille betrifft die bewusste Handlung eines ganzheitlichen Menschen.

Der Mensch handelt gewöhnlich so, wie es von ihm durch Erziehung, Kultur und soziale Bande gefordert wird. In diesem Rahmen verbringt er sein Leben, ohne die Frage nach Sinn und Zweck zu stellen. Die thelemische Lehre verlangt aber gerade, dass er diese Sinn- und Zweckfrage stellt und die Erwartungen seines sozialen Umfeldes prüft. Ein Asiate würde etwas Ähnliches wie „Tu, was Du willst" ausdrücken, wenn er sagt, erfülle dein Karma. Aber Karma ist ein zu passiver Begriff. Der Mensch befindet sich auf einer bestimmten Evolutionsstufe und seine Aufgabe ist es grundsätzlich, eine höhere Evolutionsstufe zu erlangen. Der Mensch in seiner gegenwärtigen Form ist kein Endprodukt, sondern befindet sich in der Entwicklung. Wie wir heute „Mensch" beschreiben, sei es in den Wissenschaften, in der Kunst oder der Magie, das ist kein Endprodukt, sondern der heutige Stand der Evolution. Es geht aber noch weiter! Wille ist ein aktiver Begriff und dem Vorgang deshalb angemessener.

2. Formel: Liebe ist das Gesetz

Der Vers im Liber Legis lautet vollständig „Liebe ist das Gesetz, Liebe unter Willen": Das Prinzip der Liebe ist der zweite Teil dieser magischen Formel, deren erster Teil der Wille ist. Wille ist sozusagen die Richtung und Liebe die Kraft. Es geht um Liebe unter Kontrolle des Willens, anders gesagt, um bewusste Liebe.

Liebe ist die älteste Urkraft der Welt, die Vereinigung der Gegensätze, das alchemistische Prinzip der Vereinigung der Gegensätze von Mann und Frau. Der Hexenkessel steht heute allerdings nicht mehr im Laboratorium des Alchemisten, sondern es ist der menschliche Körper selbst. Diese Liebe ist nicht platonisch, sondern sexuell, denn im sexuellen Akt fließen Energien, die bis an die Wurzeln des Daseins reichen. Ein wesentlicher Teil der thelemischen Ausbildung besteht in der Befreiung der Sexualität. Crowleys Lehre wird oft als Tantra des Westens bezeichnet. Diese Aspekte der Befreiung der Sexualität fordern natürlich den ganzen Hass der etablierten Autoritäten heraus, weil das christliche Abendland noch heute gegen die Erbsünde der Geschlechtlichkeit ins Feld zieht. Energielose, passive und frustrierte Roboter passen leichter zu den Erfordernissen kirchlicher und sozialer Organisationen[4].

Die Formel „Liebe unter Willen" setzt, wenn richtig ausgeführt, einen Prozess in Gang, der gewöhnlich als Erleuchtung bezeichnet wird. Der bei dieser Erleuchtung frei werdenden Kraft kann nichts auf dieser Welt und nichts jenseits dieser Welt Widerstand entgegensetzen. Aber diese Kraft muss gelenkt werden. Denn sonst zerstört sie den Menschen. Damit sind wir

---

4 s. weiter oben die Prophezeiungen über das Dunkle Zeitalter

wieder beim ersten Teil dieser magischen Formel, dem Wahren Willen, welcher diese Kraft lenkt.

Der Mensch, der dies verwirklicht, ist der enthüllte Gott. Er hat den Zustand des Von-der-Welt-getrennt-seins überwunden und damit die Zerrissenheit, die Dualität in sich selbst aufgehoben. Alles ist Teil von ihm und er ist Teil von allem. Dies ist der Grund, weshalb ihm nichts Widerstand entgegensetzen kann. Wie Crowley und die ägyptischen Mysterien es ausdrücken: Es ist kein Teil an mir, der nicht von den Göttern ist. Oder "Homo est Deus" – der Mensch ist Gott. Die Inhalte der thelemischen Lehre zielen auf eine neue Evolutionsstufe des Menschen. Aleister Crowley verkündete deshalb ein neues Zeitalter, ein neues Äon, welches 1904 mit der Verkündung des Liber L vel Legis (Buch L des Gesetzes) begann. Das alte abendländische Dogma des sterbenden Gottes, des sich selbst wegen der Ursünde der Menschheit opfernden Gott-Menschen Jesus Christus ersetzt Crowley durch die Formel des verborgenen Gottes, des Menschen.

Crowley ist der gleichen Auffassung wie z. B. Gurdjieff und Leary, dass der normale Mensch nichts als ein programmierter Roboter ohne Entscheidungsfreiheit ist, dass er aber die Möglichkeit hat, diesem Robotertum zu entkommen. Die Handlungen dieses Roboters, des normalen Menschen, werden durch seine Programmierung bestimmt. Die Programmierung wird gewöhnlich Erziehung oder bei Erwachsenen Gehirnwäsche genannt. Sie ist für das Überleben des Neugeborenen notwendig, aber nachdem das Überleben gesichert ist, muss[5] der Mensch aus dem Panzer dieser Programme ausbrechen. Diese Programme enthalten alle überkommenen Gesetze und Moralvorstellungen. Deshalb umfasst der Weg Thelema die Ablehnung dieser Moralvorstellungen, Vorurteile, Vorlieben und Abneigungen. Machen wir uns nochmals klar: nur die Masse ihrer Befürworter und ihr Alter bestätigen diese Vorstellung von Sitte und Moral,

---

5   WENN er glücklich leben will, und WENN er sich zu einem einzigartigen Wesen bilden will, DANN muss er. Wenn Menschen mit den Schablonen der Gesellschaft zufrieden sind, dann müssen sie gar nichts tun, um die Programme zu verändern.

doch wurden sie nie kritisch geprüft. Die stolze Absage an die Herdenmoral erregte natürlich das Missfallen einer Gesellschaft, die die Übertretung ihrer Regeln unerbittlich verfolgt. Crowley wurde folgerichtig als der verderbteste Mann des Jahrhunderts bezeichnet.

Timothy Leary bezeichnete den normalen Menschen als domestizierten Primaten. Biologisch gesehen ist der Mensch tatsächlich ein Primat, und der ihm am nächsten stehende Primat ist der Affe. Das Rudelverhalten von Affenhorden spiegelt sich bei den Menschen in der gesellschaftlichen Ächtung von Menschen, deren Wertvorstellungen nicht mit denen der Mehrheit des Rudels übereinstimmen. Leary war, welch Zufall, zeitweilig Staatsfeind Nr. 1 der USA.

Crowley stellte dagegen, dass der Mensch, welcher die Fiktion seines individuellen Ich überwindet und seine Eitelkeit aufgibt, sein Zentrum findet. Das erlernte individuelle Ich setzt sich wesentlich aus den erlernten Verhaltens- und Moralvorschriften zusammen. Diese müssen deshalb zerstört werden.

Die Formel "Tu, was Du willst" kann nicht übersetzt werden als "Sei der, der Du bist". Letzteres würde ein starres Sein voraussetzen, aber alles Starre zerbricht. Das, was einen Stillstand bewirken will, wird von dem unaufhaltsamen Willen der Zeit gebrochen. Es gibt keine bleibende Wahrheit. Das einzig Beständige ist der Wandel. "Tu, was Du willst" ist deshalb eine dynamische Formel, die die unendliche Bewegung des Bewusstseins als Prozess symbolisiert. Thelema ist der nächste Schritt der unaufhörlichen, endlosen Evolution des Geistes.

Über die Autoren

Michael D. Eschner

Michael D. Eschner (1949 - 2007) war ein deutscher Thelemit, spiritueller Lehrer und Autor. Er ist eine Ausnahmeerscheinung in der spirituellen Welt. Eschners Bücher sind über Thelema, das Neue Zeitalter und den Thelemiten als paradigmatischen neuen Menschen. Niemand vor ihm hat Philosophie, Magie, Persönlichkeitsentwicklung und praktische Bewusstseinsveränderung (Yoga, Schamanismus, Bioenergetik, Drogen, Meditation) so zusammengedacht und damit experimentiert. Bekannt wurde er in den frühen 80er Jahren als Herausgeber und Übersetzer von Büchern Aleister Crowleys. Unter seinen Frühwerken sind besonders zu nennen

1. Das „Liber Legis" („Buch des Gesetzes"). Es war das erste Buch und in der Übersetzung spiegelt sich die Auseinandersetzung mit dem Heiligen Buch, wie auch selbstbewusster Eigensinn. Er verstand es mehr als Neudichtung denn als wortgetreue Übersetzung. Das ist ein auffälliger Unterschied zu anderen Liber Legis Übersetzungen, die die richtige Übersetzung im Wörterbuch finden. Wir können die Frage zuspitzen: Soll man das Gesetz Thelema neudichten (was für jede Sprache und Zeit gelten würde) oder brav Wort für Wort übertragen? Die provokante Frage dürfte hier leicht zu beantworten sein und zeigt beispielhaft Eschners Verständnis des anzustrebenden Verhältnisses von Tradition und Innovation.

2. Die „Sexualmagischen Unterweisungen". Die magische Ausbildung in der Abtei Thelema in Berlin folgte den Schwerpunkten dieses Buches.

Außer Büchern schrieb er einige dutzend Kurse für den Unterricht in den Thelema Gruppen. Zum besseren Verständnis eignet sich Pestalozzis Konzept der Gleichrangigkeit von Kopf, Herz und Hand:

- Kopf: Philosophie, Ethik, Sinn des Lebens, Geschichte
- Herz: Meditation, Körperarbeit, Rituale
- Hand: Handwerkliche Arbeiten, Kunstwerke und Handwerk

Das Ziel der Schriften war der Neue Mensch, der Thelemit als der Schöpfer seines Lebens. Michael Eschner wusste sich als Prophet des Horus Äons. Schreiben - für die öffentliche Leserschaft oder die Gruppenmitglieder - war eine Form, wie er das Amt des Propheten ausübte. „Thelemit" und der Weg „Thelema" war für Eschner kein Glaubenssystem und auch keine „Neue Religion(sbewegung)", sondern sind als „Formale Anzeige" (M. Heidegger/ K.M. Stünckel) zu verstehen. Einzelheiten ebd.; Kurz gesagt: Die begrifflichen Etiketten sind nicht das Wesentliche, sondern sie verweisen auf Ideen. Und diese Ideen - wie die der Gnosis, von Erleuchtung, vom Überwinden der Tunnelrealität - sind nicht verbal zu vermitteln, sondern nur im Tun zu erfahren. Nur durch eigene Erfahrung kann ein Mensch sich verwandeln - einerseits. Andererseits steht die bis jetzt gewachsene Persönlichkeit dem im Wege. Darum war Ausbildung für Eschner so wichtig, dass er „Ausbildung (als) die Fortsetzung der Aufklärung" bezeichnete. Und nur im Gesamtzusammenhang von Theorie und Praxis oder auch von Kopf, Herz und Hand ist der Autor Michael Eschner verständlich.

Knut Gierdahl

Jg. 1975. Schüler von M. Eschner. War u.a. Herausgeber einer Zeitschrift für alternatives Leben, Autor eines Buches über Yoga, Admin einer Internet Community, später im Onlinemarketing und seit 2010 im MultiWelt Verlag tätig.

Vom Erfolgsautor Michael D. Eschner

Das leichteste Buch, das die Grundlagen der neuen Spiritualität enthüllt: Einführung in den Weg Thelema.

Der Ursprung von Religion und Magie ★ Die Achsenzeit ★ Ist alles eins? ★ Zeichen und Symbole ★ Die Gleichzeitigkeit der Äonen ★ Thelema - das Gesetz des Horus Äons   Willensgesetz und Liebesgesetz ★ Die Ebenen der Realität ★ Der Aufbau der magischen Welt ★ Synchronizitäten, Telepathie und transrationale Magie ★ Kundalini - die Urkraft der Magier
196 Seiten Großformat (21x21 cm), reich bebildert

Wieder im Programm:

Michael D. Eschner
Leben wie der Phönix. Der Weg zur Unsterblichkeit
116 Seiten, Paperback

Geheimtipp!
Was ist die innerste Quelle der Kraft von Thelema? Wovor hat das Establishment seit Jahrzehnten diese panische Angst? Hier wird es in klaren Worten erläutert.

Thelema ... aus erster Hand!

www.ingramcontent.com/pod-product-compliance
Lightning Source LLC
Chambersburg PA
CBHW061459040426
42450CB00008B/1420